明治日本の
産業革命遺産・
強制労働Q&A

八幡製鉄所　長崎造船所　高島・端島炭鉱　三池炭鉱

竹内康人

社会評論社

明治日本の産業革命遺産・強制労働Ｑ＆Ａ

目次

はじめに……9

1 「明治日本の産業革命遺産」と強制労働 ———————— 11

1…ユネスコの世界遺産とは何ですか……11
- ◉人類の知的・精神的連帯／11
- ◉1972年世界遺産条約／12

2…産業や労働に関する世界遺産にはどのようなものがありますか……12
- ◉奴隷労働や強制労働に関する世界遺産／12
- ◉ドイツの産業遺産での強制労働展示／13

3…「明治日本の産業革命遺産」とは何ですか……14
- ◉資本・労働・国際の視点／14
- ◉「明治日本の産業革命遺産」の構成／15
- ◉「明治日本の産業革命遺産」の特徴／16

4…朝鮮人・中国人・連合軍捕虜の強制動員数はどれくらいですか……18
- ◉朝鮮人の強制連行／18
- ◉中国人の強制連行／20
- ◉連合軍捕虜の強制連行／21

5…なぜ強制労働が問題になったのですか……22
- ◉朝鮮人連行数3万人以上／22
- ◉中国人・連合軍捕虜の連行数／23

6…日本政府の強制労働の見解はどのようなものですか……26
- ◉世界遺産登録時の日本政府の見解（2015年7月）／26
- ◉問われる強制労働の歴史認識／27

2 八幡製鉄所 ———————————————————————— 33

1…八幡製鉄所はどのようにできたのですか……33

2…八幡製鉄所での労働運動についてわかりますか……37
- ◉「溶鉱炉の火は消えたり」／37
- ◉二瀬炭鉱の労働争議／38

3…日本製鉄とはなんですか……38
- ◉日本製鉄・独占形成／38
- ◉日鉄鉱業の設立／39
- ◉軍需生産の強化と米軍空襲／39

4…戦時の強制労働者の数はどれくらいですか……40
- ◉日本製鉄と朝鮮人強制連行／40
- ◉製鉄・港湾・二瀬で朝鮮人連行1万2000人／41
- ◉中国人・連合軍捕虜の連行／44

5…体験者の証言がありますか……45
　●八幡・朝鮮人証言／45
　●韓国・日鉄八幡訴訟／46
　●八幡・中国人証言／47
　●八幡・連合軍捕虜証言／48

6…八幡に遺跡や碑がありますか……50
　●八幡製鉄所・東田第一高炉史跡広場／50
　●八幡製鉄所旧本事務所／50
　●若松「旧ごんぞう小屋」／51
　●小田山墓地・若松沖遭難者追悼碑／51
　●日鉄二瀬炭鉱・「倶会一処」墓／52
　●オランダ軍捕虜・十字架の墓標／53
　●北九州の産業遺跡／53
　●北九州の戦争遺跡／55

3　長崎造船所 ——————————————————— 61

1…長崎造船所はどのようにしてできたのですか……61
　●長崎造船所のはじまり／61
　●戦争で利益をあげた三菱重工業／61

2…戦時の強制労働についてわかりますか……64
　●長崎造船所6000人の朝鮮人連行／64

3…体験者の証言はありますか……65
　●2016年・被爆者認定訴訟／65
　●長崎造船・朝鮮人証言／67
　●長崎造船・連合軍捕虜証言／69

4…三菱長崎造船所の戦後補償裁判とはなんですか……70
　●三菱長崎造船所・金順吉訴訟／70
　●三菱の強制労働の事実を認定／72

5…長崎に遺跡や碑がありますか……72
　●三菱兵器大橋工場標柱・船型試験場建物／72
　●三菱長崎造船所と三菱兵器の追悼碑／73
　●三菱長崎兵器住吉地下工場跡／74
　●長崎原爆朝鮮人犠牲者追悼碑／74
　●浦上刑務支所跡・中国人原爆犠牲者追悼碑／75
　●外国人戦争犠牲者追悼・核廃絶人類不戦の碑／76
　●福岡俘虜収容所第2分所犠牲者追悼碑／76
　●グラバー邸／77
　●如己堂／78

4 高島炭鉱 ——————————————————— 81

1…高島炭鉱はどのようにしてできたのですか……81
◉三菱財閥の源泉／81

2…高島炭鉱での労働者の状態についてわかりますか……83
◉「高島炭鉱の惨状」／83
◉1917年朝鮮での募集開始／84

3…三菱鉱業の強制労働についてわかりますか……85
◉三菱鉱業の朝鮮人連行約6万人／85

4…戦時の強制労働についてわかりますか……86
◉高島炭鉱（高島・端島）4000人の朝鮮人連行／86
◉圧制と抵抗／88

5…体験者の証言がありますか……89
◉高島・朝鮮人証言／89
◉高島・中国人証言／90

6…高島に遺跡や碑がありますか……92
◉千人塚の「供養塔」／92
◉安藤翁公徳謝恩碑／93
◉三菱石炭鉱業の慰霊碑／94
◉高島の炭鉱跡／95

5 端島炭鉱 ——————————————————— 97

1…端島炭鉱はどのようにしてできたのですか……97
◉端島での炭鉱開発／97
◉端島炭鉱の労働者／98

2…戦時の強制労働についてわかりますか……100
◉端島への朝鮮人連行1000人／100
◉端島・中国人強制連行／102

3…体験者の証言がありますか……103
◉端島・朝鮮人証言／103
◉端島・中国人証言／105

4…端島はいまどうなっていますか……107
◉端島の現在／107
◉端島・朝鮮人と中国人の収容跡／109
◉南越名海難者無縁仏之碑（長崎市南越）／111

6 三池炭鉱 ——————————————————————— 117

1…三池炭鉱はどのようにしてできたのですか……117
- ◉三井の石炭化学コンビナート形成／117

2…受刑者の強制労働についてわかりますか……121
- ◉受刑者の強制労働／121
- ◉受刑者強制労働の死亡2400人以上／123

3…戦前、三池に労働運動はあったのですか……124
- ◉三池1924年争議／124

4…戦時の強制労働についてわかりますか……125
- ◉三池・朝鮮人連行9200人以上／125
- ◉中国人約2500人連行／128
- ◉連合軍捕虜約1900人連行／128

5…体験者の証言がありますか……129
- ◉三池・労務担当証言／129
- ◉三池・朝鮮人証言／130
- ◉三池・中国人証言／132
- ◉三池・連合軍捕虜証言／134
- ◉連合軍捕虜・平和友好と相互理解／136

6…三池に遺跡や碑がありますか……137
- ◉正法寺の中国人・朝鮮人追悼供養塔／137
- ◉三井三池・馬渡記念碑／137
- ◉甘木公園の徴用犠牲者慰霊塔／138
- ◉小岱山の三井三池炭鉱中国人殉難者慰霊塔／139
- ◉三井三池炭鉱宮浦坑中国人殉難者慰霊碑／139
- ◉与洲奥都城・与論島移民史／140
- ◉大牟田市庁舎の監視哨と高射機関砲台座／141
- ◉大牟田「爆発赤痢」慰霊碑／141
- ◉1960年三池争議・久保清君殉難乃碑／142
- ◉三川坑大災害殉職者慰霊碑／143

7 強制労働の記録と継承 ——————————————— 151

1…明治賛美の歴史認識のどこが問題ですか……151
- ◉明治産業化賛美の動き／151
- ◉安倍談話での歴史歪曲／152

2…朝鮮人強制労働の認知がなぜ必要なのですか……153
- ◉反人道的不法行為・植民地支配に直結した不法行為への賠償請求権／153
- ◉朝鮮人強制労働の認知を／154

3…情報センターで強制労働について記すことがなぜ必要なのですか……155
　●被害者の尊厳回復の視点／155

4…企業による過去の清算はどのようにすすみましたか……156
　●記憶保存の企業文化と「記憶・責任・未来」基金／156

5…産業遺産で何を語り伝えますか……157
　●労働者とアジアの視点を／157
　●文化活動としての被害者追悼／158

［コラム］❶吉田松陰の思想とアジア……29
［コラム］❷釜石と製鉄……57
［コラム］❸「砲艦外交」と反射炉……79
［コラム］❹圧制ヤマでの強制労働……112
［コラム］❺筑豊の炭鉱と朝鮮人追悼碑……145
［コラム］❻官邸主導の「明治日本の産業革命遺産」……160

おわりに……163
参考文献……164

はじめに

　日本政府は官邸主導で「明治日本の産業革命遺産」をユネスコ（国際連合教育科学文化機関）の世界遺産に登録しました。もともと「九州・山口の近代化産業遺産群」の名で登録しようとしたのですが、途中で「明治日本の産業革命遺産」と名称を変更しました。

　世界遺産推薦書のダイジェスト版『明治日本の産業革命遺産　製鉄・製鋼、造船、石炭産業』（2016年初版）には、つぎのように記されています。

　テクノロジーは日本の魂です。「明治日本の産業革命遺産」は国家の質を変えた半世紀の産業化を証言しています。蘭書を片手に西洋科学に挑んだ侍たちは、半世紀の時を経て、近代国家の屋台骨を構築しました。日本は自らの手で産業化をすすめ、植民地にならずに、地政学上における日本の地位を世界の舞台に確保しました。後に日本を世界の経済大国に押し上げる重工業の基盤をつくりました。この産業革命遺産には、顕著な普遍的価値があります（要約）。

　この文章を読んでどう感じますか。「日本の魂」とは何でしょう。明治以降、国家の質はどのように変わったのでしょうか。地政学上の舞台の確保が、アジア・太平洋での戦争につながったのではないか、なぜ他国の植民地化や戦争についてふれないのか、資本・技術の評価のみでいいのか、国際関係や労働の視点はないのかという意見もあるでしょう。「侍」の成功物語としての宣伝でいいのか、産業化という価値基準の強調のみでいいのかという問いを持つ方もいるでしょう。

　私たちは産業革命の遺産から何を学ぶことができるのでしょうか。何をもって普遍的価値とするのでしょうか。

　「明治日本の産業革命遺産」では、幕末から明治末の1910年までの産業革命遺産が対象とされています。そこでは明治維新による産業化が賛美されています。

戦争、植民地支配、労働に関する考察は示されず、戦争による産業革命の展開とそれによる支配地の拡大に関する記述はありません。

　石炭、製鉄、造船は産業革命の柱でした。産業革命による産業資本の形成は多くの労働力を必要としました。労働者階級の形成は労働運動を生みました。産業化は、海外での資源の獲得と市場の拡大をすすめ、侵略戦争と植民地支配につながりました。「明治日本の産業革命遺産」とされた八幡製鉄所、長崎造船所、高島・端島炭鉱、三池炭鉱などでは、戦時下、強制労働がおこなわれました。それらの現場は、戦争経済を支える場所となり、長崎原爆、八幡空襲、大牟田空襲など米軍による攻撃を受けました。産業革命の歴史はこのような戦争や労働の視点からとらえることも大切です。

　日本の産業革命の施設を世界遺産とするならば、ユネスコの理念である人類の知的・精神的連帯に寄与し、平和と人権を尊重する普遍的な精神をつくるという活動に合致するものでなければなりません。産業遺産の紹介では、労働者の権利、強制労働の克服、国際協調の提示などは欠くことができないものです。

　この本では、「明治日本の産業革命遺産」とされた八幡製鉄所、長崎造船所、高島・端島炭鉱、三池炭鉱の歴史とそこでの戦時の強制労働について記しました。隣国の韓国や中国から「明治日本の産業革命遺産」を訪れる人びともいます。「強制労働はなかった」と過去を否定することはできません。外国からの訪問者が共感できるような、普遍的、国際的な視点を持った説明が必要であると思います。

推薦書ダイジェスト版、上が旧版、下が新版

＊世界産業遺産推薦書ダイジェスト版『明治日本の産業遺産』の初版の最初のページには、「テクノロジーは日本の魂」と題されていますが、2018年現在の版では「産業日本の勃興」に書き換えられています。

1 「明治日本の産業革命遺産」と強制労働

1…ユネスコの世界遺産とは何ですか

●人類の知的・精神的連帯

ユネスコ（国際連合教育科学文化機関）は二度の世界戦争を経験し、そこでの罪悪を反省するなかで設立されました。1945年に採択されたユネスコ憲章の前文にはつぎのように記されています。

戦争は人の心の中で生まれるものですから、人の心の中に平和のとりでを築かなければなりません。世界戦争は人間の尊厳・平等・相互の尊重という民主主義の原理を否認するものであり、無知と偏見を通じて人種の不平等という考えを広めることによっておこなわれました。文化の広い普及と正義・自由・平和のための人類の教育は、人間の尊厳にとって欠くことのできないものです。また、それは相互の精神を持って果たさなければならない神聖な義務です。平和は、政府間の取り決めではなく、人類の知的・精神的連帯の上に築かれなければなりません。国際連合憲章が宣言している国際平和と人類の共通の福祉という目的を促進するために、ユネスコを創設します（要約）。

このような設立の趣旨によって、ユネスコ憲章の第1条では、世界の遺産である図書、芸術作品、歴史・科学の記念物の保存・保護を確保し、関係諸国民に対して必要な国際条約を勧告するとしています。

● 1972年世界遺産条約

　1972年には世界遺産条約（世界の文化遺産及び自然遺産の保護に関する条約）が国連ユネスコ総会で採択され、1975年に発効しました。それにより、世界遺産について話し合うための世界遺産委員会が設立されました。この委員会は世界遺産条約締約国の総会で選ばれた21か国の委員で構成されています。この委員会の会議には、諮問組織である国際記念物遺跡会議（ICOMOS・イコモス）の代表者や非政府組織なども参加します。

　ユネスコは、人種や宗教などでの差別をなくし、平和と人権を尊重する普遍的な精神をつくるために活動をすすめています。

　このようなユネスコの活動の目的により、世界遺産条約が発効し、顕著な普遍的価値を有するとみられる遺産が、世界遺産として認定されているわけです。ユネスコの世界遺産では、「負の遺産」も世界遺産とされ、登録されています。世界遺産の解説では負の側面について記しているものもあります。過ちを再び繰り返さないという決意が示されているわけです。

　ユネスコは平和にむけての「人類の知的・精神的連帯」を呼びかけています。世界遺産はその連帯にむけての人種や民族を超えた普遍的な価値を示すものです。

2…産業や労働に関する世界遺産にはどのようなものがありますか

●奴隷労働や強制労働に関する世界遺産

　産業や労働に関する世界遺産をみてみましょう。

　南アメリカ、ボリビアのポトシ市街はスペイン支配によるポトシ銀山の経営と先住民族の強制労働を示すものです。

　アフリカのセネガルにあるゴレ島、ガンビアのクンタ・キンテ島、タンザニア

のザンバジル島のストーンタウンなどは奴隷貿易の拠点です。ガーナの城塞群にも奴隷貿易の拠点とされた場所が含まれています。

キューバのトリニダとロス・インヘニオス渓谷はサトウキビ農園に連行されてきた奴隷の強制労働の歴史を示すものです。奴隷住居や監視塔が残っています。アフリカのモーリシャスのル・モーン山は脱走した奴隷たちが隠れた場所です。モーリシャスのアープラヴァシ・ガート（移民の駅・ヒンディー語）は奴隷に代えてインドから移民労働者を受け入れた建造物です。

オーストラリアの受刑者遺跡群はイギリスによる植民地建設のための流刑者の移送と強制労働を示すものです。なかには先住民族の強制移住と強制収容を示すものもあります。タスマニアの炭鉱では受刑者による強制労働がおこなわれましたが、その施設も受刑者遺跡群に含まれています。

イギリスの海商都市リバプールは移民、奴隷貿易、産業革命などを語り伝えるものです。リバプールの街からは、奴隷貿易、産業革命、貿易、移民、奴隷制廃止、労働運動、文化などのさまざまな面から学ぶことができます。

ポーランドのアウシュヴィッツ・ビルケナウ強制収容所はナチス政権下でのユダヤ人の絶滅政策と強制労働を示すものです。

●ドイツの産業遺産での強制労働展示

ドイツのルール炭田にあるエッセンのツォルフェライン炭鉱業遺産群は、重工業化の150年余りの歴史を示すものです。このツォルフェライン炭鉱では、戦時にポーランド、フランスなどからの動員者や戦争捕虜による強制労働がなされました。展示から、ルール工業地帯が兵器生産の拠点となり、ユダヤ人や外国人、戦争捕虜の強制労働の場となったことがわかります。

ドイツのザール炭田にあるフェルクリンゲン製鉄所は重工業化を示すものです。フェルクリンゲン製鉄所では、第2次世界戦争中、1万2000人を超える人々が連行され、戦争末期にはロシア、フランス、ベルギー、イタリアなどからの連行者が労働を強いられました。

フェルクリンゲン製鉄所の展示では、強制的に連行された人びとはすぐに身

分証明書を奪われた。東部からきた労働者を意味する文字（OST）を付けられ、収容所に拘禁された。強制労働者のうち、250人以上が命を失ったなどと記されています。

　産業化だけでなく、戦争と強制労働などの「負の歴史」を示すことで、平和と人権についての認識が深まります。そうすることで普遍的な価値が生まれます。産業化は、資本と労働、国際関係などさまざまな面からみることができます。世界遺産は民族中心の自己賛美であってはなりません。近代化、産業化にともなう人権侵害など、「負の歴史」をも示すべきなのです。そうすることでその遺産の評価が高まるのです。

　産業遺産については、人権と平和の認識に資するように、資本・労働・国際などさまざまな視点から示すことが大切です。

3…「明治日本の産業革命遺産」とは何ですか

●資本・労働・国際の視点

　石炭と鉄が近代の産業革命を支えました。日本では政府の直接経営によって三池や高島などの石炭採掘が推進されました。1881年に三菱が高島炭鉱を、1888年に三井が三池炭鉱を経営するようになりました。これらの炭鉱は財閥形成の源泉になりました。

　日本は日清戦争により清から賠償金を奪い、その資金を利用して金本位制を確立し、政府経営による八幡製鉄所を建設しました。八幡製鉄所は筑豊炭田の近くに建設され、八幡製鉄所は筑豊の二瀬炭鉱を直営しました。製鉄原料の鉄の多くは輸入されました。

　石炭の輸送のために筑豊と北九州を結ぶ鉄道が敷設され、港湾が整備されました。北九州は八幡製鉄所を中心に鉄鋼や機械を生産する工業地帯になりました。三池炭鉱のある大牟田は石炭化学コンビナートを形成しました。長崎は三菱長崎

14

造船所を中心に造船・鉄鋼・兵器生産などの軍需の拠点になりました。

　石炭の増産によって鉄鋼、機械、セメント、化学などの産業が形成され、鉄道、港湾などの輸送が発展したのです。この日本の産業化は現場で働く人びとによって支えられました。

　財閥企業は独占資本となり、政府がすすめた戦争によって利益をえました。産業遺産は、資本の形成や技術の革新だけでなく、労働者の歴史、戦争と植民地支配、戦時の強制労働を物語るものです。

◉ 「明治日本の産業革命遺産」の構成

　「明治日本の産業革命遺産」とは、九州・山口を主とする幕末から明治末の1910年までの産業革命関係施設であり、その構成資産は23か所です。

　九州・山口分の遺産を5つにまとめると、次のようになります。

　第1は、山口県の萩（長州藩）の産業遺産です。構成資産は、萩反射炉（製砲研究）、恵美須ヶ鼻造船所跡、大板山たたら製鉄遺跡（船用部材）、萩城下町、松下村塾です。

　第2は、鹿児島県の薩摩藩による集成館（造船・大砲鋳造）関係施設です。構成資産は、旧集成館反射炉跡、旧集成館機械工場、旧鹿児島紡績所技師館、寺山炭窯跡（燃料用木炭）、関吉の疎水溝（動力用水）です。

　この2つは幕末の産業化の初期遺産の位置づけです。

　第3は、長崎県の長崎造船所と高島炭鉱です。造船所は、小菅修船場跡、第3船渠、ジャイアント・カンチレバークレーン、旧木型場、占勝閣（迎賓館）です。旧木型場は、現在は史料館とされ、予約制で公開されていますが、第3船渠などの稼動施設は非公開です。高島炭鉱を経営したグラバーの住宅も産業遺産とされています。高島炭鉱は高島と端島に坑口がありました。

　第4は、福岡県と熊本県の三池炭鉱・三池港です。宮原坑、万田坑、専用鉄道敷跡、三池港、三角西港で構成されています。

　第5は、福岡県の八幡製鉄所関係の施設です。八幡製鉄所の旧本事務所、修繕工場、旧鍛冶工場と遠賀川水源地ポンプ室（製鉄所への送水用）で構成されてい

ます。4か所とも非公開施設です。

　この他に、産業化初期の産業遺産として、静岡県韮山の反射炉、岩手県釜石の橋野鉄鉱山、佐賀県の三重津海軍所跡（佐賀藩の船渠跡）の3か所があります。

　このなかで明治期の鉄鋼、石炭、造船の産業化を示すものは、長崎県の長崎造船所と高島炭鉱（高島・端島）、三池炭鉱、八幡製鉄所です。これらが「明治日本の産業革命遺産」の中心となるわけです。

● 「明治日本の産業革命遺産」の特徴

　この「明治日本の産業革命遺産」の物語の特徴は、長州と薩摩での産業化の試

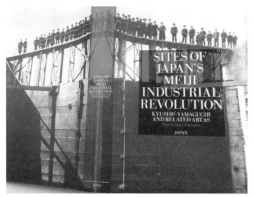 

「明治日本の産業革命遺産」登録推薦書（英文）　　「明治日本の産業革命遺産」長崎での宣伝

みと八幡製鉄所、長崎造船所、高島炭鉱、三池炭鉱などの鉄と石炭、造船とをつなげ、産業化の成功物語としていることです。「明治日本の産業革命遺産」の物語は日本の産業発展を賛美する技術革新と資本形成の視点での物語です。そこで労働した人びとや戦争や資源などについて国際関係をふまえての充分な説明はありません。

　高島炭鉱では高島と端島の2つが産業革命遺産の対象とされています。しかし、高島の炭鉱関連の建物は廃坑後、撤去されています。また、端島の建物のほとんどが1910年以降のものです。

　「明治日本の産業革命遺産」の期間を1910年までと区切ったため、高島では北渓井坑跡とその関連遺構、端島では明治期にできた竪坑跡と護岸遺構が構成資産となります。高島と端島の炭鉱跡の全てが産業革命遺産とされているわけではありません。高島炭鉱（高島・端島）については「明治日本の産業革命遺産」の物語に入る遺構が数少ないのです。三池や高島では明治期に多くの労働者が生命を失っています。死者を追悼する碑が残っていますが、「明治日本の産業革命遺産」からは除外されています。

4…朝鮮人・中国人・連合軍捕虜の強制動員数はどれくらいですか

●朝鮮人の強制連行

　戦時の総力戦体制の下で、朝鮮人・中国人・連合軍捕虜などの強制動員（強制連行・強制労働）がすすめられました。

　日本政府がたてた労務動員計画によって、1939年からは募集、1942年からは官斡旋、1944年からは徴用を適用して、朝鮮人の労務動員がすすめられました。募集といっても、企業の申請を受け、政府が計画した労務動員によるものです。動員現場から逃走すると警察が指名手配し、発見されると逮捕され、現場に連れ戻されました。募集の名による動員であっても、動員先での移動の自由はなく、労働が強制されていたのです。労働現場で現員徴用された人びとも多くいました。

　朝鮮人の日本への労務での強制動員数については、内務省の内鮮警察の史料から1939年から43年末までの府県別、年度別の労務動員数約50万人が判明します（「労務動員関係朝鮮人移住状況調」1943年末現在）。1944年度については、府県別の動員予定数が29万人であったことがわかります（「昭和19年度新規移入朝鮮人労務者事業場別数調」）。

「石炭統制会報」1944年2月号の裏表紙

大日本産業報国会・増産ポスター

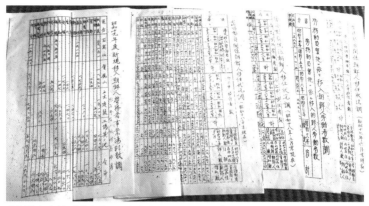

内鮮警察史料「労務動員関係朝鮮人移住状況調」など

　これらの史料や他の動員統計から、日本への労務での動員数を約80万人とみることができます。内鮮警察とは朝鮮人の動きを監視した警察であり、内務省警保局保安課が指揮した特別高等警察の下にあったものです。

　朝鮮人の軍人軍属の動員についてみれば、1962年に日本政府は24万2341人を動員し、2万2182人が死亡したとしています（厚生省援護局「朝鮮在籍旧陸海軍軍人軍属出身地別統計表」1962年）。この数値は、留守名簿などの名簿類によるものであり、名簿がない者は除かれています。死亡者数についても名簿がない者や行方不明者で除かれたものがあります。外務省アジア局第一課「朝鮮人戦没者遺骨問題に関する件」（1956年）によれば、動員数は37万人以上（陸軍で約26万人、海軍で約11万人）となります。軍人軍属の動員数は37万人ほどとみるのが妥当です。

　合計すると、労務や軍務で115万人を超える朝鮮人が日本などに強制動員されたのです。朝鮮内での労務動員数はこの数倍になります。当時、朝鮮人は植民地支配によって民族性を否定され、「皇国臣民」とされ、日本人の氏名をつけられ、日本の戦争に動員されました。

韓国での強制動員調査・収集資料集『散らばったあの日の記憶』

1　「明治日本の産業革命遺産」と強制労働　●　19

韓国では2004年に政府機関として日帝強占下強制動員被害真相糾明委員会が設立され、真相究明と被害者への支援がすすめられました。八幡製鉄所、長崎造船所、高島や三池などの炭鉱に動員された人びとの証言や資料も収集され、その一部は真相糾明委員会などが発行した証言集や資料集に掲載されています。

●中国人の強制連行

　中国人の強制動員に関する資料としては、戦後に外務省が作成した報告書（「華人労務者就労事情調査報告書」）があります。それにより動員場所や死亡者の名前が明らかになっています。
　中国人は日本へと約3万9000人が強制連行され、135か所で労働を強制され、約6800人が死亡しています。中国内の収容所でも虐待され、連行途中に数多くの人々が死亡しました。日本は中国人を捕虜として扱わず、「供出」や「募集」の形で、契約を偽装し、連行しました。
　日本だけでなく日本が占領した満洲には数百万人の中国人が連行されました。各地に残る万人坑は、その労働の厳しさを語り伝えるものです。植民地だった台湾からも労務や軍務で日本などに強制動員されています。日本による台湾からの軍人軍属としての動員は20万人を超え、死者・行方不明者は3万人を超えました。

　強制連行された中国人の証言集が、何天義編『二戦擄日中国労工口述史』全5巻にまとめられています（2005年）。この第2巻は「血洒九州島」（血の撒かれた九州）の題で出され、「明治日本の産業革命遺産」関連では、三井三池炭鉱の万田坑・四山坑42人、宮浦

三菱高島炭鉱端島坑の「華人労務者調査報告書」　　『二戦擄日中国労工口述史2』

坑7人、三菱高島炭鉱の端島坑8人、高島坑8人、日鉄二瀬炭鉱7人の証言を収録しています。証言集から、中国内での収容所での虐待、日本に連行されての強制労働と虐待の実態を知ることができます。

◉連合軍捕虜の強制連行

連合軍捕虜の強制動員については、POW（prisoner of war・戦争捕虜）研究会による調査がすすみ、動員場所や労働状況、死亡者名などが明らかにされています。動員された人びとの証言もあります。

日本が東南アジア、太平洋各地で捕虜とした連合軍関係者は35万人にのぼりました。そのうち欧米系は約15万人でした。捕虜は泰緬(たいめん)鉄道建設をはじめ、アジア各地で労働を強制されました。日本軍に組み込まれ、労役を強制されたインド人もいました。多くの人々が生命を失っています。

日本国内には欧米系捕虜約3万6000人が連行されました。日本に開設された強制労働のための捕虜収容所は、派遣所を含めると約130か所になりました。敗戦時には約3万2000人が収容されていました。日本への連行後の死者は約3500人です。

輸送船は「ヘルシップ」（地獄船）と呼ばれました。連行途中に攻撃を受け、

2011年10月元連合軍捕虜・家族との交流集会

1 「明治日本の産業革命遺産」と強制労働 ● 21

海没した捕虜は1万人を超えるとみられます。連合軍捕虜のアジアや日本での強制労働による死者は、輸送途中での死亡者を含めると、3万人を超えるものになります。

5…なぜ強制労働が問題になったのですか

「明治日本の産業革命遺産」の世界遺産への登録の動きに対し、当初、韓国政府は、これらの産業施設で戦時下、朝鮮人の強制労働があったことを理由に登録に反対しました。2015年6月に日韓の外相会談がもたれ、強制労働についても話し合われ、登録への合意がすすみました。同年7月、ドイツのボンで開催されたユネスコの世界遺産委員会で「明治日本の産業革命遺産」が世界遺産に登録されることになりました。

●朝鮮人連行数3万人以上

「明治日本の産業革命遺産」では、八幡製鉄所、長崎造船所、高島炭鉱、三池炭鉱が主要な産業革命遺産となります。韓国政府が言うようにこれらの事業所では朝鮮人の強制労働がありました。

これらの事業所への朝鮮人の連行数をみてみましょう。

判明分ですが、日本製鉄八幡製鉄所に約4000人、八幡製鉄所運搬請負業共済組合・八幡港運に約4000人、八幡関連の日鉄鉱業二瀬炭鉱に約4000人が連行されました。三菱重工長崎造船所には約6000人が連行されました。三菱鉱業高島炭鉱（高島坑、端島坑）には約4000人が連行されました。三井鉱山三池炭鉱には約9300人が連行されています。釜石の日本製鉄関連（鉱業と製鉄）にも約2200人が連行されています。

また、三菱長崎関係では三菱長崎製鋼、三菱長崎電機、三菱長崎兵器や地下工場建設現場などに、三池では三池染料工業所、電気化学工業大牟田工場、東洋高

表 1-1　明治日本の産業革命遺産関連・強制労働者数

強制労働企業	朝鮮人	中国人	連合軍捕虜
日本製鉄八幡製鉄所	約 4000	—	1353
日鉄八幡港運	約 4000	201	—
日鉄鉱業二瀬炭鉱	約 4000	808	601
日鉄鉱業釜石鉱山	約 1000	288	410
日本製鉄釜石製鉄所	1263	—	401
三菱重工業長崎造船所	約 6000	—	約 500
三菱鉱業高島炭鉱（高島・端島）	約 4000	409	—
三井鉱山三池炭鉱	9264	2481	1875
合計	約 33400	4187	5140

参考：中央協和会「移入朝鮮人労務者状況調」1942 年、厚生省勤労局「朝鮮人労務者に関する調査」（長崎県分・福岡県分）1946 年、石炭統制会「半島人労務者供出状況調」「労務状況速報」「雇入解雇及就業率調」「主要炭砿給源種別現在員表」「給源種別労務者月末現在数調」、日本製鉄総務部勤労課「朝鮮人労務者関係」1946 年、高浜村「火葬認許証下附申請」、外務省「華人労務者就労事情調査報告書」1946 年、POW 研究会「研究報告」、福岡県「労務動員計画ニ依ル移入労務者事業場別調査表」1944 年

圧大牟田工業所などに朝鮮人が連行されました。

　「明治日本の産業革命遺産」関係施設への連行朝鮮人の数は 3 万人を超えるものになります。

●中国人・連合軍捕虜の連行数

　中国人は、八幡製鉄所関連の八幡港運に 201 人、日鉄鉱業二瀬炭鉱に 808 人、三菱高島炭鉱（高島坑、端島坑）に 409 人、三井三池炭鉱に 2481 人が連行されました。これに、日鉄鉱業釜石鉱山への連行者 288 人を加えれば、連行数は 4187 人になります。連行途中と連行場所での死者の計は 750 人を超えます。

　連合軍捕虜は、日鉄八幡製鉄所に約 1350 人、日鉄鉱業二瀬炭鉱に約 600 人、三菱長崎造船所に約 500 人、三井三池炭鉱に約 1900 人が連行されました。日鉄釜石製鉄所・釜石鉱山への約 800 人を加えれば、5100 人以上が連行され、死者は 500 人以上になります。

　「明治日本の産業革命遺産」の主要な施設である八幡製鉄所、長崎造船所、高島・

表 1-2　明治日本の産業革命遺産関連・中国人強制連行

事業所	出港日	乗船数	船中死亡等	受入日	受入数	事業所死亡数	残留数
日鉄八幡港運	1944.8.27	201	0	44.9.4	201	20	179
日鉄二瀬・高雄坑 1 次	1943.7.3	133	0	43.7.11	133	14	113
日鉄二瀬・高雄坑 2 次	1943.11.16	79	2	43.11.27	77	8	69
日鉄二瀬・潤野坑	1944.8.10	300	1	44.8.17	299	38	251
日鉄二瀬・中央坑	1944.9.3	296	0	44.9.11	296	29	257
日鉄釜石鉱山 1 次	1944.10.10	197	1	44.11.21	196	79	117
日鉄釜石鉱山 2 次	1944.12.24	91	3	45.2.8	88	38	50
三菱高島・端島坑	1944.6. -	204	0	44.6.18	204	15	182
三菱高島新坑（二子坑）	1944.7. -	205	0	44.7.15	205	15	188
三井三池・宮浦坑 1 次	1944.5.17	231	0	44.5.26	231	37	525
三井三池・宮浦坑 2 次	1944.10.18	343	4	44.10.30	339		
三井三池・万田坑 1 次	1944.5.10	412	0	44.5.16	412	85	327
三井三池・万田坑 2 次	1945.1.31	595	44	45.2.10	551	65	214
三井三池・万田坑 3 次	1945.2.4	593	55	45.3.5	538	38	227
三井三池・万田坑 4 次	1945.2.26	307	6	45.3.13	301	0	152
三井三池・四山坑	万田 2 次から			45.2.10	(272)	73	199
三井三池・四山坑	万田 3 次から			45.3.5	(273)	62	211
三井三池・四山坑	万田 4 次から			45.3.13	(149)	23	126
合計		4187	116		4071	639	3387

表 1-3　明治日本の産業革命遺産関連・連合軍捕虜強制連行

事業所	収容所	敗戦時人員
日鉄八幡製鉄所	1942.9.23 八幡仮俘虜収容所、43.1.1 福岡俘虜収容所八幡分所、3.1 第 3 分所と改称、12.15 小倉に移転	1195
日鉄二瀬炭鉱	1943.5.15 福岡俘虜収容所第 16 分所、12.1 第 10 派遣所、45.8 第 7 分所と改称	547
日鉄釜石鉱山（大橋鉱業所）	1942.11.30 函館俘虜収容所第 2 分所、43.4.1 大橋に移転、東京俘虜収容所に移管・第 6 分所、45.4.14 仙台俘虜収容所第 4 分所	395
日鉄釜石製鉄所	1942.11.10 函館俘虜収容所第 3 分所、釜石に開設、44.4.20 東京俘虜収容所に移管・第 7 分所、45.4.14 仙台俘虜収容所第 5 分所、8 月大橋へ移動	351
三菱長崎造船所	1943.4.22 福岡俘虜収容所第 14 分所（長崎三菱幸工場内）300 人収容、44.6.24 輸送船生存者 212 人収容、45 年に入り 200 人を福岡の炭鉱へ転送	195
三井三池炭鉱	1943.8.10 福岡俘虜収容所第 17 分所（大牟田市新港町）500 人、その後増加	1737
計		4420

事業所出発日	帰国数	備考
45.10.8	177	途中帰国2、45.4.2 伏木へ転送179人、伏木の死亡2、伏木から帰国
45.11.6	113	行方不明1、北海道転送5
同上	69	船中死亡等は上陸後死亡1を含む
同上	251	船中死亡等1は上陸後死亡、途中帰国2、北海道転送8
同上	257	途中帰国7、北海道転送3
45.9.15	113	帰国乗船前死亡2、乗船前逃亡2
同上	50	
45.11.20	182	途中帰国5、北海道転送2
45.11.19	188	途中帰国2
45.11.22	525	北海道転送3
		途中帰国3、行方不明2、事業所死亡数、残留数、帰国数は宮浦1・2の計
同上	326	帰国乗船前死亡1
同上	214	船中死亡等は上陸後死亡13を含む、45.2.10 四山坑へ272人転送
同上	227	船中死亡等は上陸後死亡1を含む、45.3.5 四山坑へ273人転送
同上	152	45.3.13 四山坑へ149人転送
同上	199	
同上	211	
同上	126	
	3380	二瀬の北海道転送者1人死亡、帰国数の計は北海道転出者を除く

「参考資料7 華人労務者移入・配置及送還表」（外務省管理局「華人労務者就労事情調査報告」1946年）から作成、『資料中国人強制連行』所収史料

人員内訳	死者数	連行数	備考
米616, 蘭211, 英193, 印132, 中国22, 葡9, 豪3, 他9	158	1353	
蘭359, 米186, 英2	54	601	
加198, 蘭93, 英56, 米40, 豪8	15	410	
蘭168, 英86, 米78, 他19	50	401	うち32人艦砲射撃死
蘭152, 豪24, 英19	113	約500	うち7人原爆死
米730, 豪420, 蘭332, 英250, 他5	138	1875	1人営倉内餓死、1人逃亡刺殺、戦犯裁判で4人死刑
	528	5140	

ＰＯＷ研究会調査による。連行数は敗戦時人員、死亡者と他への転送者の状況から算出。

端島炭鉱、三池炭鉱、釜石鉱山とその関連事業所で、朝鮮人は3万人以上、中国人は約4200人、連合軍捕虜は5100人以上が連行され労働を強いられたのです。亡くなった人々も数多くいます。そのような人々の地平から、歴史をみることが大切です。

6…日本政府の強制労働の見解はどのようなものですか

●世界遺産登録時の日本政府の見解（2015年7月）

2015年7月の「明治日本の産業革命遺産」の登録認定に際し、日本政府は、「日本は、1940年代にいくつかのサイトにおいて、その意思に反して連れて来られ、厳しい環境の下で働かされた多くの朝鮮半島出身者等がいたこと、また、第二次世界大戦中に日本政府としても徴用政策を実施していたことについて理解できるような措置を講じる所存である」（日本政府訳）と発言しました。

原文は、Japan is prepared to take measures that allow an understanding that there were a large number of Koreans and others who were brought against their will and forced to work under harsh conditions in the 1940s at some of the sites, and that, during World War II, the Government of Japan also implemented its policy of requisition です。

ここでの「a large number of Koreans and others」は「数多くの朝鮮人や他の人々」、「brought against their will」は「かれらの意思に反して連行され」、「forced to work under harsh conditions」は「ひどい状態で労働を強いられた」と訳せます。「others」は中国人や連合軍捕虜を示しています。日本はこの登録に際し、情報センターの設置など犠牲者を記憶するために適切な処置をとるとしました。

このような英語の表現は、国際社会に対し、朝鮮人の強制連行・強制労働を認めるものです。ですから、この発言を過去の戦争や植民地支配を正当化したい人びとは「外交的敗北」と非難しました。

この発言ののち、日本政府は「forced to work」は「働かされた」であり、「強

制労働の意ではない」とし、「戦時の朝鮮半島出身者の徴用は、国際法上の強制労働にあたらない」としました。

日本政府は、朝鮮半島出身者が意に反して徴用されたこともあったが、違法な強制労働ではなかったという認識を示したわけです。日本政府の計画した労務動員により、朝鮮人の強制動員がなされた時期は1939年から45年にかけてですが、日本政府は徴用の期間を1944年の9月以降に限定し、その数を少なく見積もっています。

● 問われる強制労働の歴史認識

このような日本政府の認識に対しては、1990年代の戦後補償要求の高まりのなかで、すでに国際労働機関（ILO）が1999年3月に、戦時の朝鮮人・中国人などの強制労働を、強制労働に関する条約（ILO第29号条約）に違反すると判断しています。国際的には強制労働と認知され、条約違反に対しての国家責任が

負の歴史の継承を指摘する記事

問われているのです。ILOの専門家委員会は、日本政府に対して、遅きに失することがないよう被害者の期待に応える措置をとるようにと勧告しています。被害者への謝罪や補償は欠かせません。

　アジア太平洋での戦争期には、総数で、朝鮮人の日本への労務動員数は約80万人、軍人軍属では約37万人が動員されました（朝鮮内での労務動員を除く）。強制労働を認めないが、働かせたことはあった、動員期を短期とし、徴用は合法であり、犯罪ではないという日本政府の対応は、歴史を都合よく書き換えるものです。

　植民地支配を合法とし、働かされていたが、強制労働ではない、徴用は違法ではないとする見解は、国際社会では人権と正義に反するものとみなされます。

　「明治日本の産業革命遺産」の解説冊子（推薦書ダイジェスト版）では、近代化や産業化をナショナルな視点で美化しています。そこで労働した人々への共感は示されることなく、その反省は示されていません。そのような形で過去を賛美するのではなく、産業化が多くの労働者の血と汗によるものであり、侵略戦争と朝鮮人・中国人・連合軍捕虜などの強制労働をもたらしたものという認識を示すべきでしょう。そのような形で「負の歴史」を示し、亡くなった人びとに思いを馳せ、教訓とする姿勢が、世界遺産として普遍的な価値を生んでいくことになります。

[コラム] ❶

吉田松陰の思想とアジア

　「明治日本の産業革命遺産」の推薦書ダイジェスト版では、明治の「殖産興業」による産業化、資本の形成が賛美されています。産業国家日本の建設にむけて、伊藤博文らを「長州五傑」として評価し、松下村塾は産業国家の礎を担う志を育んだととらえています。

　吉田松陰は、天皇中心の水戸学の影響を受けつつ、海外情勢を学ぼうとしました。1854年の「幽囚録」では、軍艦や大砲を備え、「蝦夷」、カムチャツカ、オホーツク、琉球を支配し、朝鮮、満洲、台湾、ルソンなども占領して、進取の勢いを示すことを呼びかけています。1855年の「獄是帳」では、国力を養い、ロシア・アメリカとの交易での損失は朝鮮・満洲の土地で償うべきと記しています。

　吉田松陰は天皇を中心とする国家をつくり、軍備の拡張による対外侵略を主張しました。勤王討幕にむけ、「草莽崛起」（そうもうくっき）（在野の志士の決起）を求めました。松下村塾はその拠点でした。吉田松陰は幕府要人の暗殺計画をたてますが、そのために安政の大獄で処刑されました。満29歳でした。

　彼と関わった伊藤博文や山県有朋は吉田松陰の思想の影響を受けました。伊藤博文は天皇主権の大日本帝国憲法を作り、総理大臣となりました。日ロ戦争により、韓国の保護国化をすすめ、韓国統監となり、義兵運動を弾圧しました。山県有朋は陸軍の中心人物となり、日清・日ロ戦争を担い、治安警察法で社会運動を弾圧しました。吉田松陰の思想は天皇主権の確立と民権運動の弾圧、戦争によるアジア侵略の歴史につながりました。

　明治期に吉田松陰は神とされ、伊藤博文たちは1907年に松陰神社をつくりました。松門神社もおかれ、門人たちはそこに祭られています。この松陰神社の境内に松下村塾の建物がありま

第1地域は萩（世界遺産推薦書から）

す。

「明治日本の産業革命遺産」では、萩の城下町（城跡・旧上級武家地・旧町人地）、萩の反射炉、松下村塾（松下村塾と吉田松陰幽囚の旧宅）、恵美須ヶ原造船所跡、大板山たたら製鉄遺跡が構成遺産とされています。萩（長州）藩による製鉄、造船などの産業化、吉田松陰の教育が日本の産業革命の起点とされています。萩博物館の世界遺産企画展の冊子『明治日本の産業革命遺産と萩』は、萩の城下町が工業化に取り組んだ封建社会の特徴を濃密に現代に伝えるものとし、吉田松陰を工学教育の先駆者としています。

それは世界遺産登録に合わせてのあらたな解釈です。長州藩による密航留学者が維新変革後にできた工部省を担ったとはいえ、吉田松陰の松下村塾と幽囚旧宅を産業遺産とするには無理があります。

田中義一・萩博物館前

吉田松陰・松下村塾

伊藤博文旧宅

山県有朋・中央公園

桂太郎旧宅

維新変革後、山口県出身の伊藤博文、山県有朋、桂太郎、寺内正毅、田中義一が日本の首相となりました。かれらは日清戦争、日ロ戦争、第1次世界大戦、山東派兵など朝鮮・中国への侵略戦争に関与しました。萩市内には、伊藤博文、山県有朋、桂太郎、田中義一の像があります。

　萩出身の井上信子は1937年に「川柳人」を復刊し、鶴 彬（つるあきら）の「手と足をもいだ丸太にしてかえし」などを掲載しました。雑誌は発禁処分とされました。井上信子は1940年、戦時に平和を願い、「国境を知らぬ草の実こぼれ合ひ」と詠んでいます。

　このような句にある思いを起点に、藩閥政治、帝国憲法、治安立法、侵略戦争、植民地統治の歴史を、人権と平和、民主主義の面から批判的にとらえなおす。そのような批判的な考察が国際的な知的・精神的連帯につながると思います。

バス・萩の案内絵

2 | 八幡製鉄所

1…八幡製鉄所はどのようにできたのですか

　八幡製鉄所は日本最大の鉄鋼会社でした。建設資金は日清戦争での清からの賠償金を利用しました。賠償金はポンドで支払われ、それを利用して日本は金本位制を確立しました。

　明治政府はドイツのグーテホフヌンクスヒュッテ社（ＧＨＨ社）に設計・施工を依頼し、官営八幡製鉄所の建設をすすめました。八幡製鉄所の操業は1901年であり、操業が安定するのに10年かかりました。八幡製鉄所は日本の重工業部門の発展を支え、1906年には国内の鉄鋼生産の90％を占めました。

　原料となる鉄鉱石は朝鮮や中国から運ばれました。官営八幡製鉄所は朝鮮の黄海道にある載寧と殷栗の2つの鉱山を1909年に韓国農工商部から移管させ、所有しました。採掘は年約14万トンに達しました。

　鉄鉱石は中国の湖北省にある大冶鉱山からも輸入しましたが、日本は中国に漢冶萍公司という大冶の鉄鉱石の採掘を含む製鉄の拠点の支配権を握り、日本に持ち込むことをねらいました。

　第1次世界大戦の時、日本は中国に21か条の要求を出しましたが、そこには、この漢冶萍公司を日中の合弁とし、中国政府に日本政府の同意なしでこの公司の権利・財産を処分させないこと、公司の承諾なしでは公司に属する鉱山での他者の採掘を許可しないことなどが入っていました。日本はこの漢冶萍公司の日中合弁化を認めさせ、中国からの資源収奪を強めたのです。

　1919年度の鉄鉱石の使用予定高は中国産約55万トン、内地・朝鮮産が約31

2　八幡製鉄所　●　33

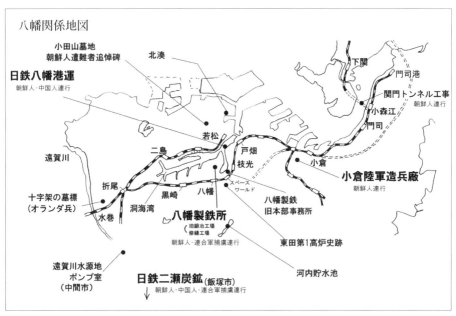

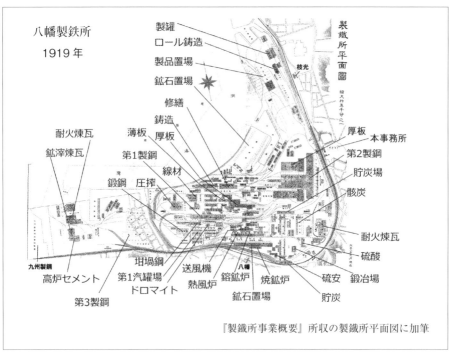

万トンでした(『製鐵所事業概要』)。

八幡製鉄所は製鉄所への石炭供給のために、筑豊の炭鉱を買収し、官営八幡製鉄所二瀬出張所(二瀬炭鉱)としました。二瀬炭鉱では1903年1月、潤野坑での火災事故で64人、1913年2月、中央坑でのガス炭塵爆発事故で100人ほどの死者が出ました。

二瀬での1919年ころの採掘高は年約68万トンでした。石炭は、中国の開平(河北省)、本渓湖(遼寧省)などからも輸入しました。1919年時の八幡製鉄所での石炭使用量は年169万トンでした(『製鐵所事業概要』)。

八幡の港湾には、石炭や鉄鋼などの輸送のために多くの労働者が集められました。

八幡製鉄所の歴史をみるにあたり、ドイツから日本への技術移転だけでなく、清からの賠償金による建設、八幡での1910年以後の製鉄・製鋼の事業の展開、朝鮮や中国からの資源の収奪、八幡港運や二瀬炭鉱での労働の歴史も大切です。

八幡製鉄所全景(「寫眞帖 製鐵所」)

八幡製鉄所全景(「寫眞帖 製鐵所」)

八幡製鉄所溶鉱炉(「製鐵所事業概要」)

八幡製鉄所洞岡工場(「寫眞帖 製鐵所」)

八幡製鉄所修繕工場(絵葉書)

八幡製鉄所製鋼工場(絵葉書)

八幡製鉄所セメント工場(「寫眞帖 製鐵所」)

二瀬炭鉱(「寫眞帖 製鐵所」)

2…八幡製鉄所での労働運動についてわかりますか

●「溶鉱炉の火は消えたり」

　官営八幡製鉄所はアジア最大の製鉄工場に成長しましたが、労働者の生活は苦しいものでした。当時、八幡製鉄所は1日12時間の2交替制であり、賃金は低かったのです。第1次世界戦争後は世界各地で民主主義、人権と平和の意識が高まりましたが、八幡の労働者のなかにもそのような意識が芽生えました。

　1919年、八幡製鉄所で働いていた西田健太郎が食堂で、8時間労働制、徹夜・居残りの廃止、日曜全休、賃金増給、便所・食堂・浴場の改造などを呼びかけました。その声は各職場に広がり、嘆願書が出されましたが、要求は実現しません。西田は労働組合の結成をすすめますが、解雇されました。当時、川崎造船所、大阪砲兵廠で争議が起きるなど、労働者の運動が高まっていました。

　西田と浅原健三は労働組合である日本労友会を結成し、1920年2月、2度のストライキを決行しました。八幡の労働者は団結し、溶鉱炉の火は消されたのです。労働者は労働条件の改善や普通選挙制度の実現を求めてデモをおこないました。軍隊と警察の弾圧により、検束者や解雇者を出しましたが、拘束9時間・実働8時間の3交代制、賃金日額7円増給、厚生施設の改善などを実現しました。

　浅原健三は「溶鉱炉の火は消えたり」でこのストライキを描いていますが、八幡で働く朝鮮人が2月5日、ストライキの汽笛を鳴らし続けたとしています。

　1920年5月、東京の上野で、日本で初めてのメーデーが開催されましたが、北九州では1922年に第1回メーデーが開催されました。労働者の権利意識が高まり、各地で労働争議が起こされ、労働組合の全国組織が結成されました。1923年には八幡区枝光で北九州機械鉄工組合が結成され、のちに日本労働総同盟九州連合会へと改組されました。1928年の衆議院の第1回普通選挙で、浅原健三は無産政党の九州民憲党から出て、当選しました。労働運動の高まりは、無産政党からの当選者を生んだのです。

●二瀬炭鉱の労働争議

八幡製鉄所二瀬炭鉱でも労働組合の結成の動きがありました。1923 年には二瀬中央坑で西部鉱山労働組合の支部が設立されました。しかし、1924 年には活動者が刺殺され、1925 年 9 月には組合事務所が襲撃され、4 人が重傷を負いました。このような弾圧のなか、二瀬中央坑では同年 10 月、ストライキが起こされました。

1931 年 5 月、二瀬炭鉱で 870 人が参加する争議が起こされました。争議団は坑内籠城などで抵抗しましたが、争議団の幹部は検挙されました。

1934 年 6 月、二瀬中央坑で賃上げを求めて争議を起こしましたが、労務係は石炭坑夫組合員を殴打しました。それに対し、石炭坑夫組合は糾弾闘争をすすめ、暴力の中止と見舞金の支出を約束させました。

1937 年 1 月には二瀬中央坑・高雄二坑で 2000 人が参加する争議が起きました。政府は中国への侵略戦争をすすめ、労働組合の活動を抑えようとしました。労働運動のなかには、国際主義ではなく、国家主義的な動きも強まりました。1939 年には八幡で産業報国会、二瀬で鉱業報国会が結成され、労資一体による戦争動員がすすめられました。労働現場では、「産業戦士」による「挺身報国」が叫ばれるようになりました。

しかし、労働者の尊厳と連帯の種火を消すことはできません。敗戦後、戦前の労働運動の活動者が中心になり、1945 年 10 月に二瀬中央坑で、11 月に八幡製鉄所で労働組合が結成されました。

3…日本製鉄とはなんですか

●日本製鉄・独占形成

侵略戦争の拡大によって鉄鋼の需要が増加し、鉄鋼業が統合されました。1934

年、政府は巨大な独占体である日本製鉄を設立し、官営八幡製鉄所は日本製鉄八幡製鉄所となりました。日本製鉄は八幡製鉄所を中心に、北海道の輪西製鉄、岩手の釜石鉱山、朝鮮（黄海道・兼二浦）の三菱製鉄、福岡の九州製鋼、神奈川の富士製鋼を合体させたものです。

同年、八幡製鉄所戸畑作業所ができるなど、八幡で拡張工事がすすみました。後に東洋製鉄と大阪製鉄が日本製鉄に加わりました。兵庫の広畑や朝鮮の清津での製鉄所建設もすすめられました。

日中戦争により、日本軍は1938年に中国の大冶鉱山を占領し、日本製鉄の所有としました。大冶鉱山から大量の鉄鉱石を略奪したのです。

●日鉄鉱業の設立

日本製鉄は製鉄原料の石炭や鉄鉱石、石灰石の安定的な供給をめざし、1939年に鉱山部門を独立させて日鉄鉱業を設立しました。

日鉄鉱業は、二瀬や鹿町（長崎県）で石炭、釜石や赤谷（新潟県）で鉄鉱石を採掘し、石灰石や珪石なども採掘しました。石灰石の船尾鉱業（福岡県）など、各地の鉱山に投資し、海外での事業を展開しました。朝鮮では、价川鉱業所の价川・載寧・殷栗・下聖の鉱山で鉄鉱石を採掘し、咸鏡北道の鉱山では石灰石を採掘しました。サハリンでは石炭を採掘しました。

戦争の拡大により、満洲では合弁の密山炭鉱を設立し、中国北部では採鉱会社をつくり、石炭・鉄鉱石・マンガン・石灰石を採掘し、日本に運びました。フィリピンのルソン島の鉱山ではマンガンを採掘しました。日本軍の軍事占領とともに日鉄鉱業は資源の収奪に関わり、現地の民衆に労働を強いたのです。

●軍需生産の強化と米軍空襲

日本製鉄八幡製鉄所をはじめとする北九州の工場地帯は軍需生産の拠点となりました。労働運動は弾圧され、産業報国が強調されました。日本製鉄は戦時の増産態勢をとり、そこに多くの朝鮮人が連行されました。さらに中国人・連合軍捕

八幡 1945.9　物資投下で飛来するB29（「米軍撮影写真」）

虜も連行されました。

　軍需拠点である北九州の工業地帯は米軍による激しい空襲を受け、八幡への空襲は20回を超えました。八幡製鉄所の東田コークス炉を目標にした1944年6月16日、同年8月20日・21日の空襲では、それぞれ死者は100人以上となりました。1945年8月8日の空襲は八幡市街地をねらったものであり、200機以上のB29が大量の燃焼弾を投下しました。それにより1800人ほどが死亡し、5万人以上が罹災しました。

　戦後、占領下での財閥解体によって日本製鉄は1950年に八幡製鉄、富士製鉄、播磨耐火煉瓦、日鉄汽船などに分割されました。1970年には八幡製鉄と富士製鉄が合併し、新日本製鉄となりました。さらに2012年、新日鉄は住友金属と合併して新日鉄住金となりました。八幡製鉄所はその傘下にあります。

4…戦時の強制労働者の数はどれくらいですか

●日本製鉄と朝鮮人強制連行

　日本製鉄の八幡、広畑、大阪、釜石、輪西などの製鉄所には多くの朝鮮人が強制連行されました。各地の日鉄工場への朝鮮人の連行総数は1万人近いとみられます。

　日本製鉄による朝鮮人の強制連行については、日本製鉄総務部勤労課の「朝鮮人労務者関係」という戦後の供託資料に、八幡3042人、釜石690人、大阪197人の約4000人分の名簿が残されています。この資料には1945年8月15日現在

の「移入半島工」の数を八幡2805人、輪西2170人、釜石358人、富士25人、広畑107人、計5465人とするメモも残されています。総数を1万人と仮定して150万円の金額（未払金）も示されています。

「移入半島工」とは労務動員計画によって集団移入された朝鮮人のことです。供託とは日本製鉄が労働者に支払うべき金銭を法務局に預けることで弁済するという制度です。解放後に、在日本朝鮮人聯盟などの朝鮮人団体が未払金の支払いを請求した際に、日本政府と企業は供託により、朝鮮人団体への支払いを回避しようとしたのです。

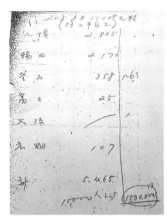

日本製鉄朝鮮人動員数（日本製鉄「朝鮮人労務者関係」）

● 製鉄・港湾・二瀬で朝鮮人連行1万2000人

八幡製鉄所への朝鮮人の連行についてみてみましょう。朝鮮人は八幡製鉄所へと1942年6月までに394人が連行されました（中央協和会「移入朝鮮人労務者状況調」）。さらに1944年1月までに1471人が連行され、このうち逃亡者は760人です（福岡県「労務動員計画ニ依ル移入労務者事業場別調査表」）。その後も連行が続き、1944年には2000人ほどが連行されました。

厚生省勤労局の「朝鮮人労務者に関する調査」（福岡県分）の集計表からは、1942年に921人、43年に550人、44年に1968人、45年に381人の計3820人が連行されたことがわかります。この調査の八幡製鉄

表2-1 日鉄八幡製鉄所・朝鮮人連行

年	連行数
1942	921
1943	550
1944	1968
1945	381
計	3820

厚生省勤労局調査・福岡県分統計から作成

表2-2 日鉄八幡製鉄所・朝鮮人連行1942・43年

年月	連行数	出身郡
1942.4	394	慶北
1942.12	259	慶北
1942.12	268	全北
1943.3	228	慶北
1943.11	222	全北
計	1471	

日鉄八幡製鉄所「移入朝鮮人労務者ニ関スル調査」から作成（1944.3.1現在）。全北1942年の動員数268は368の誤記とみられる

八幡製鉄所朝鮮人動員数（厚生省勤労局調査1946年）

八幡動員朝鮮人名簿（日本製鉄「朝鮮人労務者関係」）

溶鉱炉火入れ式の動員労働者1944（「八幡製鉄所と強制連行」）

旧俘虜収容所第3分所内の八幡製鉄所の朝鮮人労働者1945.9（「米軍撮影写真」）

所の報告書には、2788人が終戦時に在留し、うち徴用者は2761人としています。日本製鉄の供託資料を分析した古庄正さんは、八幡製鉄所に4192人の朝鮮人が連行されたとみています。八幡製鉄所には4000人ほどが連行されたといっていいでしょう。

八幡製鉄所では港湾での輸送が欠かせません。この港湾での輸送を請け負った八幡製鉄所運搬請負業共済組合には1942年6月までに2785人が連行されています（中央協和会「移入朝鮮人労務者状況調」）。その後、八幡製鉄所運搬請負業共済組合は日鉄八幡港運と

42

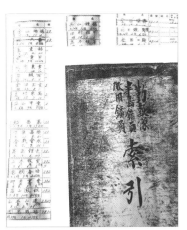

二瀬炭鉱動員名簿(「戦時外国人強制連行関係史料集Ⅱ朝鮮人1」)

八幡港湾・日鉄八幡港運への動員(「寫眞帖 製鐵所」)

表2-3 日鉄二瀬中央坑朝鮮人名簿

連行年月日	連行者数	出身郡
1942.6.29	50	全北茂朱
1942.7.1	42	全北沃溝
1942.10.9	78	忠南天安他
1943.2.17	74	忠北清州・全南務安他
1943.6.7	89	全北完州
1943.9.23	81	全北任実他
1944.2.22	71	黄海碧城他
1944.6.30	60	京畿楊州他
計	545	

日鉄二瀬中央坑「勤報隊・半島礦員・徴用礦員索引」から作成

表2-4 日鉄二瀬炭鉱・朝鮮人連行(1943年)

月	人数	道
2	324	忠北
4	196	全北
5	186	全北
6	195	全北
8	178	全北96・江原182
9	168	全北
11	73	全北
計	1420	

石炭統制会労務部京城事務所「半島人労務者供出状況調」から作成

なり、1944年1月末までに3197人を連行しました(福岡県「労務動員計画ニ依ル移入労務者事業場別調査表」)。1944年度にはさらに連行者数が増加しますから、運輸関係での連行者数は4000人を超えたとみられます。

　日本製鉄の鉱業部門は分離されて1939年5月に日鉄鉱業となりました。日鉄鉱業二瀬炭鉱では中央坑・高雄坑・潤野坑・稲築坑などで採掘がすすめられました。この二瀬炭鉱に戦時に連行された朝鮮人は1944年1月末までに2555人であり(福岡県「労務動員計画ニ依ル移入労務者事業場別調査表」)、その後の連行状況から

2　八幡製鉄所　43

連行者数は 4000 人ほどとみられます。

　残されている資料から、八幡製鉄所に連行された朝鮮人は約 4000 人、八幡製鉄所運搬請負業共済組合・八幡港運には 4000 人ほど、二瀬炭鉱にも 4000 人が連行されたとみられます。これらを合計すると、1 万 2000 人ほどになります。八幡製鉄所の製鉄部門の朝鮮人死亡者で氏名判明者は 3 人だけです。多くが不明のままです。

◉中国人・連合軍捕虜の連行

　中国人は 1944 年 9 月に運輸関係の日鉄八幡港運に 201 人が連行され、20 人が死亡しました。二瀬炭鉱には中央坑、高雄坑、潤野坑の 3 坑に約 800 人が連行され、89 人が死亡しました。

　連合軍捕虜は八幡の俘虜収容所（1942 年 9 月設置）に連行され、製鉄所で労働を強いられました。敗戦時の収容者は 1195 人、国籍はアメリカ 616、オランダ 211、イギリス 193、インド 132、中国 22 ほか 21 です。収容中、158 人が死亡

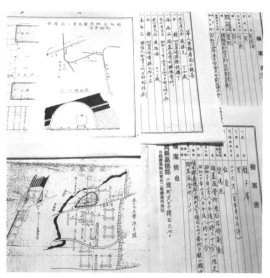

日鉄二瀬「華人労務者調査報告書」

福岡俘虜収容所第 3 分所 1945.9（「米軍撮影写真」）

しています。連合軍捕虜の連行者数は 1300 人以上とみられます。

　二瀬炭鉱に連行された連合軍捕虜は約600人です。このうち死亡者は54人です。

5…体験者の証言がありますか

●八幡・朝鮮人証言

　八幡製鉄所へと連行された朝鮮人の証言をみてみましょう。

　裵鳳坤さん（1903 年 7 月生まれ）は 1940 年に八幡製鉄所へと慶尚南道の村の 10 人とともに募集の名で動員されました。八幡の枝光の独身飯場に居住し、溶鉱炉で作業をさせられました。仕事は鉄の不純物である鉱滓をかき出すという熱くて危険な仕事でした。高熱のため、汗が吹き出し、皮膚がピリピリと痛く、体の消耗は激しく、塩水を飲みながらの作業でした。仕事は朝の 5 時に起床し、6 時過ぎに構内に入り、午前 7 時から午後 6 時まで働き、夕食を食べ、夜の 10 時頃まで残業しました。体がくたくたになるまで働かされました。働きの悪い者は見せしめに、皆の前で拷問されました。1945 年 8 月 8 日の八幡大空襲では八幡駅近辺に住んでいた朝鮮人も被災し、亡くなりました（『八幡製鉄所と強制連行』）。

　尹ファウォンさん（1923 年 11 月生まれ）は 1941 年に八幡製鉄所へと慶尚南道の咸安郡から村の 3 人とともに動員されました。枝光の寮に入れられ、炉で燃やした石炭の燃えカスを貨車に積み込む作業をしました。埃だらけになりながら、朝 7 時頃から夕方 6 時頃まで働きました。食事はどんぶり飯、みそ汁、たくわんなどで、いつもひもじい思いでした。同僚 3 人と相談し、寮（有営館）を脱出し、熊本県に行き、三菱関係の竹中工務店の下請け会社で土木工事をしました。その後、九州を転々と渡り歩き、福岡県の前原で解放を迎えました（『八幡製鉄所と強制連行』）。

　金戌来さんは 1942 年 3 月に、全羅北道の群山府庁に集められ、監視の下で、八幡製鉄所の戸畑寮に連行されました。行先も仕事内容も告げられずに連行さ

2　八幡製鉄所　● 45

れ、ボイラー係にされました（「日本製鉄株式会社の朝鮮人強制連行と戦後処理」）。

李天求（イチョング）さんは忠清南道舒川郡（ソチョン）韓山面で暮らしていました。17歳の1942年9月ころ、徴用され、八幡に連行されました。逃亡すると親が苦しめられるため、応じさせられました。八幡製鉄所の寮は2階建て、鉄網で囲まれていて、一部屋に7人入れられました。八幡ではアンモニア肥料生産の現場に配置されました。1943年に脱出し、今村製作所で働きました（『ポンポン船に乗ってきたが、海の鬼になるところだった』）。

●韓国・日鉄八幡訴訟

八幡製鉄所に全羅北道から動員された金光哲（キムガンチョル）、李閏台（イユンテ）、金圭洙（キムギュス）、朱錫奉（チュソッボン）、崔永培（チェヨンベ）さんら5人は、2005年2月、ソウル中央地方法院に、損害賠償を求めて提訴しました。崔永培さんは1942年に、金光哲、李閏台、金圭洙、朱錫奉さんは1943年に強制動員されています（「韓国・八幡製鉄所訴訟資料」）。

金光哲さんは、募集人が村に来て、名簿で指定し、行きたくなかったが、逃げられない状況だったといいます。

李閏台さんは、食事は少量でいつも空腹であり、食事、休息、労働など日常的に差別され、悔しい思いをした。賃金がきちんと支払われなかったので、出勤を拒否して逃亡し、海軍施設の工事現場にいたが、捕まってしまったといいます。

金圭洙さんは、群山府庁への集合命令に従わざるをえず、集められました。八幡で精神教育や軍事教練を受けた後、輸送用線路の分岐部分のポイントの操作作業に配置されました。同僚と逃亡したが捕まり、取り調べを受け、殴られました。日本は真相を明らかにし、供託した賃金も返し、被害を回復すべきと語っています。

朱錫奉さんは1924年に全州（チョンジュ）で生まれました。行かなければ配給が止められ、家族が食べられなくなり、避けることができません。八幡に連行され、シャベルで石炭を移す仕事をしました。空腹でつらい思いでした。逃亡した者は捕えられ、半殺しにされました。朱さんは20歳になると八幡から日本軍に徴兵されました。

2012年、韓国の大法院は原告の損害賠償の権利を認める決定を出しました。

しています。連合軍捕虜の連行者数は 1300 人以上とみられます。

二瀬炭鉱に連行された連合軍捕虜は約 600 人です。このうち死亡者は 54 人です。

5…体験者の証言がありますか

●八幡・朝鮮人証言

八幡製鉄所へと連行された朝鮮人の証言をみてみましょう。

裴鳳坤さん（1903 年 7 月生まれ）は 1940 年に八幡製鉄所へと慶尚南道の村の 10 人とともに募集の名で動員されました。八幡の枝光の独身飯場に居住し、溶鉱炉で作業をさせられました。仕事は鉄の不純物である鉱滓をかき出すという熱くて危険な仕事でした。高熱のため、汗が吹き出し、皮膚がピリピリと痛く、体の消耗は激しく、塩水を飲みながらの作業でした。仕事は朝の 5 時に起床し、6 時過ぎに構内に入り、午前 7 時から午後 6 時まで働き、夕食を食べ、夜の 10 時頃まで残業しました。体がくたくたになるまで働かされました。働きの悪い者は見せしめに、皆の前で拷問されました。1945 年 8 月 8 日の八幡大空襲では八幡駅近辺に住んでいた朝鮮人も被災し、亡くなりました（『八幡製鉄所と強制連行』）。

尹ファウォンさん（1923 年 11 月生まれ）は 1941 年に八幡製鉄所へと慶尚南道の咸安郡から村の 3 人とともに動員されました。枝光の寮に入れられ、炉で燃やした石炭の燃えカスを貨車に積み込む作業をしました。埃だらけになりながら、朝 7 時頃から夕方 6 時頃まで働きました。食事はどんぶり飯、みそ汁、たくわんなどで、いつもひもじい思いでした。同僚 3 人と相談し、寮（有営館）を脱出し、熊本県に行き、三菱関係の竹中工務店の下請け会社で土木工事をしました。その後、九州を転々と渡り歩き、福岡県の前原で解放を迎えました（『八幡製鉄所と強制連行』）。

金成来さんは 1942 年 3 月に、全羅北道の群山府庁に集められ、監視の下で、八幡製鉄所の戸畑寮に連行されました。行先も仕事内容も告げられずに連行さ

2　八幡製鉄所　●　45

れ、ボイラー係にされました（「日本製鉄株式会社の朝鮮人強制連行と戦後処理」）。

李天求<ruby>（イチョン）</ruby>さんは忠清南道舒川郡<ruby>（ソチョン）</ruby>韓山面で暮らしていました。17歳の1942年9月ころ、徴用され、八幡に連行されました。逃亡すると親が苦しめられるため、応じさせられました。八幡製鉄所の寮は2階建て、鉄網で囲まれていて、一部屋に7人入れられました。八幡ではアンモニア肥料生産の現場に配置されました。1943年に脱出し、今村製作所で働きました（『ポンポン船に乗ってきたが、海の鬼になるところだった』）。

●韓国・日鉄八幡訴訟

八幡製鉄所に全羅北道から動員された金光哲<ruby>（キムガンチョル）</ruby>、李閏台<ruby>（イユンテ）</ruby>、金圭洙<ruby>（キムギュス）</ruby>、朱錫奉<ruby>（チュソッポン）</ruby>、崔永培<ruby>（チェヨンベ）</ruby>さんら5人は、2005年2月、ソウル中央地方法院に、損害賠償を求めて提訴しました。崔永培さんは1942年に、金光哲、李閏台、金圭洙、朱錫奉さんは1943年に強制動員されています（「韓国・八幡製鉄所訴訟資料」）。

金光哲さんは、募集人が村に来て、名簿で指定し、行きたくなかったが、逃げられない状況だったといいます。

李閏台さんは、食事は少量でいつも空腹であり、食事、休息、労働など日常的に差別され、悔しい思いをした。賃金がきちんと支払われなかったので、出勤を拒否して逃亡し、海軍施設の工事現場にいたが、捕まってしまったといいます。

金圭洙さんは、群山府庁への集合命令に従わざるをえず、集められました。八幡で精神教育や軍事教練を受けた後、輸送用線路の分岐部分のポイントの操作作業に配置されました。同僚と逃亡したが捕まり、取り調べを受け、殴られました。日本は真相を明らかにし、供託した賃金も返し、被害を回復すべきと語っています。

朱錫奉さんは1924年に全州<ruby>（チョンジュ）</ruby>で生まれました。行かなければ配給が止められ、家族が食べられなくなり、避けることができません。八幡に連行され、シャベルで石炭を移す仕事をしました。空腹でつらい思いでした。逃亡した者は捕えられ、半殺しにされました。朱さんは20歳になると八幡から日本軍に徴兵されました。

2012年、韓国の大法院は原告の損害賠償の権利を認める決定を出しました。

朱錫奉さん（「解放70年、私は闘っている」）

八幡製鉄強制連行・市民運動資料

　それにより、2013年7月、差し戻し審でソウル高等法院は原告1人あたり1億ウォン（約1000万円）の損害賠償を認める判決を出しました。2017年現在、大法院で係争されています。

●八幡・中国人証言

　八幡港運に連行された中国人の証言をみてみましょう。
　楊万貴（ヤンマングィ）さんは山西省出身で、1938年に14歳で抗日軍に加わりました。1944年、平魯（ピンルー）での戦闘で負傷して捕虜になり、大同（ダートン）の収容所で労働を強いられました。そこから北京の捕虜収容所に送られ、200人の大隊に編成されました。そして塘沽（タングー）に送られ、1944年9月、八幡製鉄所に連行されました。製鉄所では、港で石炭・鉱石・鉄鋼などの荷役をさせられました。1945年になって富山県の伏木（ふしき）港に転送されました。そこでは石炭・食塩・大豆などが荷揚げされていました。八路軍の仲間が日本の監督に殴打されましたが、戦争捕虜を虐待するな！と団結の声をあげ、止めさせました（『日軍槍刺下的中国労工 中国労工在日本』）。
　二瀬炭鉱に連行された中国人はつぎのように語っています。
　賈双喜（ジャシュアンシー）さんは1944年に日本憲兵隊に捕えられ、拷問されました。その後、石家荘（シーチャーチュワン）の南兵営に入れられ、北京の西苑兵営を経て、青島に送られました。

「日軍槍刺下的中国労工」

賈双喜

曹協和

李小眼

二瀬炭鉱・連行中国人(「二戦擄日中国労工口述史2」)

そこから福岡の二瀬の潤野坑に連行されました。体調が回復すると坑内に入れられましたが、動作が遅いと日本人は棒で殴打しました。落石で腕を骨折しました。潤野坑に連行された300人のうち40人ほどが亡くなりました(『二戦擄日中国労工口述史2』)。

金九譲さんは山東省出身で、1937年に遊撃隊に入り、日本軍と戦いました。1942年、日本軍の掃討作戦で捕えられ、拷問されました。石家荘の南兵営に入れられ、青島から二瀬の中央坑に連行されました。そこで1大隊、2中隊、6小隊、12班に編成されました。毎日12時間労働で、20箱分の石炭を採掘させられました。労働での安全配慮はなく、賃金、報酬はなかったといいます(『二戦擄日中国労工口述史2』)。

●八幡・連合軍捕虜証言

つぎに連合軍捕虜の証言をみてみましょう。

アメリカ軍捕虜のチャーリー・ウェイブルさんは1942年9月に福岡俘虜収容所に連行されました。収容所にはノミ、シラミ、南京虫がわいて眠れず、食料や医療品の不足などによる死者が増えました。八幡製鉄所では午前7時から午後6時まで働き、休日は月に3日でした。空襲の後には日本人による取り扱いが悪くなり、仕事中に何人かの捕虜が死亡しました(「八幡製鉄所における強制連行・強制

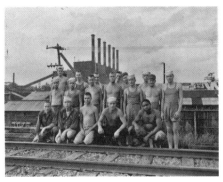
八幡の連合軍捕虜 1945.9（「米軍撮影写真」）

八幡の連合軍捕虜・帰国準備 1945.9（「米軍撮影写真」）

労働について」）。

　アメリカ軍捕虜のE・K・ブリットさんは1945年1月に福岡に連行されました。収容所には約1200人が収容され、建物は12棟ありました。責任者の米軍大佐が日本軍の少佐に収容所の屋根に赤十字を描くよう要請しましたが、何も描かない方が安全と対応されました。米軍捕虜将校100人のうち、24人が赤痢、脚気、肺炎などで死亡しました（「八幡製鉄所における強制連行・強制労働について」）。

　アメリカ軍のドナルド・L・ヴァーソーさんはフィリピンのコレヒドールで捕虜となり、カバナツアン収容所で死体埋葬などをさせられました。1944年7月、マニラ埠頭から日昌丸の船倉に押し込められ、日鉄二瀬炭鉱に連行されました。そこでは志願兵のように訓練され、平手打ちや殴打などの暴力によって労働を強いられました。炭鉱での労働から逃れるために自分の腕を折る者もいました。故郷と家族の元に帰る日を前向きに見据えて生きぬいたといいます（「捕虜 日米の対話」）。

ドナルド・L・ヴァーソーさん（2010年東京）

2　八幡製鉄所　●49

6…八幡に遺跡や碑がありますか

●八幡製鉄所・東田第一高炉史跡広場

八幡製鉄所の東田第一高炉の跡地は第10代の高炉（1962年）がモニュメントとされ、1901の文字板が掲げられています。一帯は史跡広場とされ、転炉も展示されています。

東田第1高炉

日本製鉄八幡所、日本製鉄八幡港運をはじめ、北九州の工業地帯には多くの朝鮮人が連行されました。

連行場所には、三菱化成牧山工場、三菱化成黒崎工場、黒崎窯業、九州兵器、日本鋼業、日立製作所戸畑工場、日立製作所若松工場、大日本乾溜工業、東海電極製造、日本曹達、日華油脂、日華二ツ菱組、宇部興産小倉工場、杤木（とちき）造船若松工場、昭和鉄工、小倉製鋼、多々良製作、国鉄小森江工場、陸軍小倉造兵廠、大林組二島（ふたじま）工事、磐城セメント、浅野セメント、日通若松支店などがあります。関門鉄道のトンネル工事、博多の日通博多支店、日通博多港支店、博多港運などにも朝鮮人が動員されました。

北九州の工場と港湾は、戦時の強制労働の歴史を物語る場でもあるのです。

●八幡製鉄所旧本事務所

八幡製鉄所の旧本事務所を眺望する場所が整備されています。そこにある世界遺産の案内板には、日本語で、海防の危機感より産業革命の波を受容し、工業立国の土台を築いた、国家の質を変えた半世紀の産業化を証言しているなどと書かれ、英語では、成功的な産業化がわずか50年ほどの短い間に、植民地とされる

ことなく日本自身で成し遂げられたという内容が記されています。八幡製鉄所の建設とその後の歴史については記されていません（2017年現在）。

◉若松「旧ごんぞう小屋」

北九州の若松港は筑豊の石炭を積み出す拠点として整備されました。若松港に石炭が集積され、ここから各地に輸送されました。最盛期には港湾で4000人の労働者が働いていました。若松港には1890年代の築港時の石積護岸が残っています。若戸大橋の近くには、若築建設のわかちく史料館があり、若松港の歴史を知ることができます。若松駅近くの南海岸通りには、旧古河鉱業若松ビルなどの建築物があります。

その近くに、休憩所として「旧ごんぞう小屋」が建てられました。「ごんぞう」とは石炭荷役の労働者のことです。小屋には1940年代の港湾労働を示す写真も掲示されていますが、労働の実態や朝鮮人の港湾での強制労働については記されていません。

植民地支配の下での移民と労務動員にともない朝鮮人の集住区ができました。北九州市若松区の北湊には朝鮮人集住地が残っています。解放後の1959年、若松から朝鮮北部へと帰国した人々もいました。その歴史を示す碑が「朝日親善平和の塔」です。若松区の白山公園にあります。

◉小田山墓地・若松沖遭難者追悼碑

北九州市若松区深町の小田山墓地には若松沖遭難者の追悼碑があります。この碑は、1945年9月17日に台風のために若松沖で、遭難した朝鮮人を追悼するものです。朝鮮への帰国船が遭難し、海岸には100をこえる死体が打ちあげられたといいます。死体は砂丘近くの斜面や小田山墓地に埋められました。

北九州市は1995年に説明板を立て、そこに、植民地下で日本に移住したり、強制的に連れてこられたりして過酷な労働を強いられた人も少なくないと記し、1945年9月の台風によって遭難した人々を慰霊し、平和・友好の気持ちを示す

小田山墓地と解説文

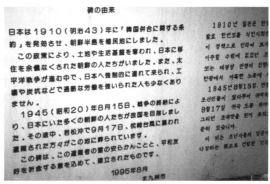

ことを記しました。毎年、追悼式がもたれています。

　帰国の際には門司や若松へと多くの人々が集結しました。若松区の北湊の海軍倉庫跡（のち、山九運輸倉庫）は解放後、朝鮮人が帰国を求めて集結したところです。

●日鉄二瀬炭鉱・「倶会一処」墓

博多・帰国前の朝鮮人（「米軍撮影写真」）

　1969年、飯塚市にある日鉄鉱業二瀬炭鉱高雄坑の跡地での高雄団地造成工事の際、多くの遺骨が出ました。そのため工事に従事した人々が、「倶会一処」の

「倶会一処」墓の無縁遺骨

二瀬炭鉱捲揚塔（「製鐵所事業概要」）

墓を建て、収骨しました。墓碑の基壇のうしろには納骨庫があります。遺骨を入れた骨壺のいくつかは砕かれ、蓋を失った壺もみられます。朝鮮人の遺骨もあるとみられます。「倶会一処」の無縁の遺骨は炭鉱労働の歴史を示すものです。

日鉄二瀬炭鉱中央坑については連行された朝鮮人545人分の名簿が残っています。飯塚市潤野には1903年の二瀬炭鉱潤野坑での事故死者を追悼する「変死者之碑」があります。

●オランダ軍捕虜・十字架の墓標

遠賀郡水巻町には日本炭礦高松炭鉱（日産化学鉱業遠賀炭鉱）がありました。炭鉱近くの墓地に連合軍オランダ兵捕虜を追悼する「十字架の墓標」があります。水巻町図書館の近くです。

日炭高松炭鉱には朝鮮人に加え、連合軍捕虜が連行されました。戦犯調査の折に十字架の塔を建て、免責をはかりましたが、その塔が形をかえて今に至ります。現在の碑は1987年に水巻町の平和と文化を育む会が建てたものです。

設置されたプレートには、日本国内に連行され、死亡したオランダ軍捕虜871人の名前が刻まれています。名前がわからない無名の兵士もいます。八幡製鉄所、長崎造船所、三池炭鉱などで亡くなったオランダ軍捕虜の名前も刻まれています。

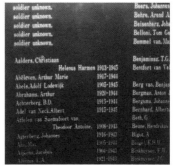

十字架の墓標の碑文

●北九州の産業遺跡

鉄と石炭と鉄道が産業革命による資本主義の形成を支えました。北九州地域にはそのような産業化の歴史を示す遺跡が数多く残されています。1910年代頃までの遺跡にはつぎのようなものがあります（『北九州の近代化遺産』）。

八幡には、八幡製鉄所旧本事務所（1899年）、八幡製鉄所尾倉修繕工場（1900

遠賀川水源地起動ポンプ（「寫眞帖 製鐵所」）

八幡製鉄所河内貯水池（「寫眞帖 製鐵所」）

年)、安田工業八幡工場（1912年)、折尾駅舎（1916年）などがあります。

　八幡製鉄所の水源のための八幡製鉄所遠賀川水源地ポンプ室（1910年)、河内貯水池（1927年）も重要な産業遺産です。

　若松には、若松石炭商同業組合（石炭会館、1905年)、三菱合資若松会館（1913年)、日華油脂若松工場（1917年)、19633号蒸気機関車（1917年）などがあります。

　門司には、九州鉄道本社（1891年)、門司税関（1912年)、帝国麦酒醸造（1913年)、門司港駅舎（1914年)、大阪商船門司支店（1917年）などの建物があります。浅野セメント門司工場跡も残っています。

　戸畑には松本健次郎邸（明治鉱業・1912年)、明治紡績（1909年）などがあ

八幡製鉄所・八幡戸畑専用鉄道、枝光陸橋・宮田山トンネル（「寫眞帖 製鐵所」）

門司港駅舎

54

ります。八幡製鉄所の炭滓線である八幡・戸畑専用鉄道（1930年）も残っています。

小倉には、小倉警察署（1890年）、東京製綱小倉分工場（1906年）、道原貯水池（1911年）、金辺トンネル（1915年）、国鉄小倉鍛冶職場（1913年）などがあります。

「明治日本の産業革命遺産」の1910年までの枠組みでは、ここであげた産業革命遺産の多くが排除されてしまいます。八幡製鉄所が本格的に稼働するには10年を要しました。産業革命遺産としてはその後に建設された施設が欠かせません。たとえば、河内貯水池と八幡製鉄所の炭滓線は欠くことのできないものですが、1910年という「明治日本の産業革命遺産」の区切りが、重要な施設を排除することになっています。

●北九州の戦争遺跡

関門海峡の防衛のために1880年代末から砲台がおかれました。小倉には手向山砲台跡、門司には矢筈山砲台跡、古城山砲台跡、高倉堡塁跡などがあります。

アジア太平洋戦争末期には、門司区喜多久の蕪島に特攻用の地下壕が掘られました。水上特攻艇である震洋の格納壕とみられます。

小倉南区には東京第2陸軍造兵廠曽根製造所がありました。小倉北区には陸軍小倉造兵廠があり、砲弾を製造しました。南区の曽根製造所ではその砲弾に、広島の大久野島で製造した毒ガスを入れて、毒ガス弾を製造しました。毒ガス弾は小倉北区の山田弾薬庫で保管され、中国戦線に運ばれ、実戦で使用されました。戦後、毒ガス弾は苅田港に棄てられました。21世紀に入り、苅田港に投棄されていた毒ガス弾1000発ほどが処理されました。

陸軍小倉造兵廠跡

2　八幡製鉄所

小倉南区城野には陸軍兵器補給廠があり、その弾薬は添田町の丸山の二又トンネルに疎開して保管されました。戦後の1945年11月、米軍がこの弾薬を処理する際、大爆発を起こし、丸山が吹き飛ぶという事故が起きました。その事故で住民など147人が死亡、149人が負傷しました。日田彦山線の彦山駅近くの昭光寺に追悼碑があります。

[コラム]
❷
釜石と製鉄

釜石の歴史

「明治日本の産業革命遺産」には、岩手県の釜石の橋野鉄鉱山跡が入っています。この鉱山跡は日本最初の洋式高炉跡とされ、幕末に南部藩が開発したものです。高炉をつくり、鉄鉱石を溶かして、銑鉄を生産しました。1880年、政府は官営の釜石製鉄所を設立し、1883年に払い下げられ、釜石鉱山田中製鉄所となりました。日本で最初の製鉄所です。1934年の日本製鉄の設立により、日本製鉄釜石製鉄所となりました。

日中戦争以後、日本製鉄釜石製鉄所と日鉄鉱業釜石鉱山でも強制連行がありました。釜石製鉄所は1945年7月・8月と米軍による2度の艦砲射撃を受け、破壊されました。この艦砲射撃による死者は1000人を超えるとみられ、朝鮮人や連合軍捕虜も亡くなっています。

橋野鉄鉱山ポスター

釜石への朝鮮人連行

朝鮮人は1942年6月までに日鉄鉱業釜石鉱山に470人、日本製鉄釜石製鉄所に498人が連行されました（中央協和会「移入朝鮮人労務者状況調」）。連行数はその後、増えました。戦後に日本製鉄総務部勤労課が作成した「朝鮮人労務者関係」という供託資料には、釜石製鉄所690人の名簿があります。「朝鮮人労務者関係」の記事から、釜石製鉄所への連行数は1263人であるこ

釜石鉱山（絵葉書）

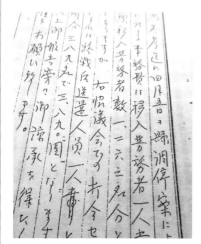

釜石製鉄所への朝鮮人動員数1263人を示す文書(日本製鉄「朝鮮人労務者関係」)

表2-5 日本製鉄釜石製鉄所・朝鮮人連行(供託分)

連行年月	連行数	出身地
1940.10.	37	全南長興
1940.12	78	全南長興
1941. 7	29	全南長興
1942. 2	48	全南和順・谷城
1942. 5	32	忠南公州
1942. 6.	57	忠南公州
1942.10	40	忠南保寧
1942.11	99	忠南瑞山・大徳
1943. 1	60	忠南大徳ほか
1943. 2	2	慶尚
1943. 7	1	忠南
1943. 9	71	忠南ほか
1943.10	68	忠南・忠北
1944. 1	3	忠南ほか
1944.10.	13	忠南ほか
1944.11	17	忠南瑞山・保寧
1945. 2	35	忠南瑞山・唐津
計	690	

日本製鉄総務部勤労課『朝鮮人労務者関係』から作成、690は供託分、連行総数は1263人、その半数を示す。

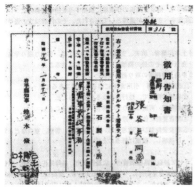

釜石製鉄への徴用告知書(「広島・長崎朝鮮人の原爆被害に関する真相調査」)

韓国忠清南道瑞山市での追慕際1997年10月2日(「虹・日韓民衆のかけ橋2」)

とがわかります。釜石鉱山については、「釜石鉱山労働運動史」に朝鮮人約1000人という記述があります。

　連行朝鮮人数は、釜石鉱山と釜石製鉄所を合わせると2200人ほどとみられます。死亡者については釜石鉱山関連で18人、釜石製鉄所関連で39人分が判明し、他

に釜石での死者13人が判明しています。

1995年9月、釜石製鉄所に連行され、艦砲射撃などで亡くなった朝鮮人の遺族が、国と新日本製鉄に対し、遺骨の返還、未払い金の返還、慰謝料の支払い、謝罪広告の掲載などを求めて提訴しました。遺族と新日本製鉄は1997年に計2005万円と慰霊での費用負担などで和解しました。

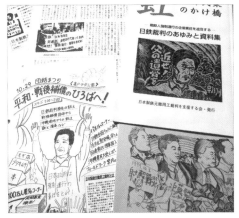

日本製鉄釜石裁判資料

釜石・中国人と連合軍捕虜の連行

中国人は、釜石鉱山に1944年11月に197人、1945年2月に91人の計288人が連行されました。このうち123人が死亡しています。

連合軍捕虜は1942年11月に函館俘虜収容所第2分所に収容され、釜石の大橋に移動し、日鉄釜石鉱山で労働を強制されました。敗戦時の収容数は395人であり、国籍は、カナダ198、オランダ93、イギリス56、アメリカ40、オーストラリア8です。収容中の死者は15人でした。

1943年11月に函館俘虜収容所第3分所がおかれ、そこに収容された連合軍捕虜は釜石製鉄所に連行され、労働を強制されました。敗戦時の収容数は351人であり、国籍は、オランダ168、イギリス86、アメリカ78ほか19でした。死者は50人ですが、このうち米軍による釜石への艦砲射撃での死者が34人です。

釜石には多くの朝鮮人、中国人、連合軍捕虜が連行され、労働を強いられました。政府と企業が、強制的な動員をおこなって強制労働をさせたという歴史を消すことはできません。

釜石の橋野鉄鉱山跡（釜石市橋野町）を訪れた際には、釜石鉱山跡（同市甲子町）、石応禅寺無縁多宝塔（同市大只越町）、日本中国永遠和平の像（同市大平町）などにも行くといいでしょう。釜石鉱山は1993年に閉山され、現在は研究用の採掘がおこなわれています。鉱山の見学会なども企画されています。

2　八幡製鉄所　● 59

3 長崎造船所

1…長崎造船所はどのようにしてできたのですか

◉長崎造船所のはじまり

　江戸幕府は、長崎にオランダの指導で1855年に海軍伝習所を、1857年に艦船の修理をする長崎熔鉄所をつくりました。この長崎熔鉄所が長崎造船所のはじまりです。それを明治政府は官営の長崎造船局としました。岩崎弥太郎は1873年に三菱商会をつくり、1874年の台湾派兵では、長崎港に船を調達し、派兵を担うなど、海運業で利益をあげました。三菱は1881年に高島炭鉱を獲得しました。1884年には長崎造船局を長崎造船所として経営するようになり、1887年にこの造船所が三菱へと払い下げられました。

　三菱長崎造船所では、西南戦争後の1879年に第1船渠、日清戦争後の1896年に第2船渠、日ロ戦争により1905年に第3船渠ができました。三菱は戦争で利益をあげたのです。1909年にはジャイアント・カンチレバークレーンをイギリスから購入しました。三菱は、海運、石炭、造船などで利益をあげ、三菱財閥を形成しました。

◉戦争で利益をあげた三菱重工業

　1934年に三菱重工業が設立されると、三菱重工業長崎造船所となりました。三菱重工業は造船と航空機の生産を担う日本最大の軍需企業でした。その造船の

拠点が長崎の工場です。戦時下、長崎市の浦上川沿いの平地を、三菱の兵器、製鋼、造船、電機の工場が占め、長崎の湾に沿って三菱の造船所の大きな工場が続いていました。

　三菱重工業は、三菱長崎造船所で軍艦や魚雷、三菱名古屋航空機で軍用機、三菱東京では戦車などを製造しました。中国東北には三菱機器工場、台湾には船渠を持ちました。

　アジア太平洋地域での戦争の拡大により、三菱は長崎製鋼、東京金属、三原車両、名古屋発動機、水島航空機、川崎機器、広島造船機械、京都発動機、静岡発動機、熊本航空機、名古屋機器、茨城機器、三菱化成などの工場を建設しました。これらの工場建設や工場労働に朝鮮人が動員され、さらに地下工場建設工事にも数多くの朝鮮人が動員されました。

　真珠湾攻撃では長崎で製造された航空魚雷が使われました。長崎への原爆は三菱の工場群を狙って投下されました。そのため、アメリカとの戦争は長崎で始まり、長崎で終わったといいます。三菱重工業名古屋航空機では零式艦上戦闘機が製作されましたが、この機も真珠湾攻撃

三菱造船所立神工場（絵葉書）

62

長崎造船所第3船渠（絵葉書）

長崎造船所立神工場造船台・ガントリークレーン（絵葉書）

三菱長崎造船所が製作した発電機・ディーゼルエンジン（絵葉書）

三菱長崎造船所・ジャイアントカンチレバークレーン

三菱長崎造船所のイージス艦(2003年)

3　長崎造船所　●63

に使われました。三菱が製造した爆撃機は中国をはじめ東南アジアでの爆撃に使用されました。

2…戦時の強制労働についてわかりますか

●長崎造船所 6000 人の朝鮮人連行

厚生省勤労局の「朝鮮人労務者に関する調査」の長崎県分によれば、三菱重工長崎造船所には、1944 年に 3474 人、1945 年に 2501 人の計 5975 人、三菱長崎製鋼所には 134 人が連行されたことがわかります。三菱電機長崎製作所と三菱長崎兵器工場にも連行されました。この厚生省勤労局調査で名簿が残っているのは長崎製鋼所だけです。

厚生省勤労局調査の長崎県分には、長崎市関係では三菱以外に、川南工業深堀造船所 496 人、川南工業建築部（人数不明）、三井建設工業長崎出張所（西泊・人数不明）、日通長崎支店 32 人、長崎港運 112 人などの記載があります。川南工業深堀造船所は、現在では三菱の造船工場となっています。

朝鮮半島からの集団的連行の前には、日本にいた朝鮮人も徴用によって長崎造船所へと労務動員されています。これらの動員者を加えれば、長崎造船所への朝鮮人動員数は 6000 人を超えます。三菱長崎造船所に動員された朝鮮人は木鉢寮、福田寮、平戸小屋寮、幸町寮、小ケ倉寮、丸山寮などに収容されました。

三菱は航空機と軍艦などの兵器生産で巨額の利益をあげました。この三菱の兵器を使ってアジアへの侵略がなされたので

表3　三菱長崎造船所・朝鮮人連行

年	三菱重工長崎造船所	三菱製鋼長崎製鋼所	三菱長崎兵器工事・大林組
1942			177
1943			
1944	3474		
1945	2501	143	
計	5975	143	177

「移入朝鮮人労務者状況調」、厚生省勤労局調査・長崎県分統計から作成。大林組の動員承認は 1940 年になされた。動員数は 1942 年 3 月までを示す。三菱兵器・三菱電機・三菱兵器地下工事（西松組）への連行数は不明。

64

長崎造船所朝鮮人連行数（厚生省勤労局調査・長崎県分集計表）

三菱長崎製鋼に連行された朝鮮人の名簿（厚生省勤労局調査）

す。そして長崎、広島への原爆の投下により、三菱の工場は被害を受け、朝鮮人も被爆しました。長崎での原爆による被爆朝鮮人数は約2万人とみられます。その被爆認定は不十分なままです。

　三菱長崎造船所には、連合軍捕虜も連行されました。長崎市内に福岡俘虜収容所第14分所が開設され、約500人が三菱長崎造船所での労働を強いられました。その後、他の現場への転出があり、敗戦時には195人が収容されていました。国籍は、オランダ152、オーストラリア24、イギリス19です。収容中の死亡は113人です。

3…体験者の証言はありますか

● 2016年・被爆者認定訴訟

　金成洙、裵漢燮、李寛模さんは長崎市に対し、被爆者健康手帳の交付を求めています。

金成洙さん（韓国の原爆被害者を救援する市民の会）

裵漢燮さん（同）

李寛模さん（同）

「わが身に刻まれた八月」

　金成洙さんは1925年生まれ、慶尚南道南海郡（ナムヘ）の出身です。渡日し、1938年から、大牟田の菓子店の三友堂で働き、夜間学校で学びました。1943年8月、長崎造船所に徴用されましたが、日本人とともに日本に住んでいた朝鮮人が300人ほど動員されました。木鉢寮に入れられ、1か月間、精神教育や軍事訓練を受け、鉄板の接合部に穴を開け、焼いた鋲を打ち込むカシメ作業をさせられました。しかし体調を崩したため、現図工に配属されました。朝鮮北部から1500人ほどが大量動員されたため、丸山寮に移されました。8月9日、原爆が投下され、日本が降伏しそうだと聞き、韓国の三千浦（サンチョンポ）に行く船に3人で乗り、帰りました（『原爆と朝鮮人7』、『わが身に刻まれた八月』）。

　金成洙さんは狭い道を傘もなく、寮から雨に濡れて造船所に動員されたことを思い起こし、梅雨に濡れては歩む徴用工と詠んでいます。

　裵漢燮さんは慶尚南道南海郡雪川面（ソルチョン）出身、1926年生まれです。1939年に姉を頼って八幡市元城町に渡り、八幡貨物自動車会社で運転助手になりました。1944年4月に長崎造船所に徴用され、寮に入れられ、その後、寮を移されました。造船所では3人一組のカシメ作業に動員され、「押さえ」役を担当しました。夜勤明けで寮に帰るときに被爆し、腰などを負傷しました。病院で1か月以上治療を受けました。解放により、姉の家に行き、帰国船を1か月待ち、帰りました（『原爆と朝鮮人7』、『わが身に刻まれた八月』）。

　李寛模さんは1944年に黄海道遂安郡（スアン）から長崎造船所に連行され、木鉢寮の5棟3号に入れられました。カシメ作業などを担当しました。自分の番号札は36912番で

した。敗戦前には防空壕掘りにも動員されました。8月9日は寮にいたため、命は助かりました。数日後、命令で爆心地近くに行かされました。解放後、木造船を調達し、帰郷しました（「三菱重工長崎造船所強制動員被害者の被爆者手帳認定について」、「毎日新聞」報道記事）。

3人はこのように語っています。しかし、長崎市は被爆者健康手帳を交付しなかったのです。そのため3人は2016年9月、長崎地方裁判所に提訴しました。三菱重工業の動員責任と長崎市の平和行政の質が問われています。

●長崎造船・朝鮮人証言

金漢洙（キムハンスス）さんはつぎのように語っています。

黄海道延白郡海城面の専売会社で仕事をしていました。1944年8月26日に徴用の通知を受けました。180人ほどが延安（ヨナン）駅から釜山を経て、三菱長崎造船所に連行されました。最初に収容された宿舎は幸寮といい、粗末な木造で、中央に通路があり、両脇に寝るようになっていました。教練ののち、2キロほど離れた三菱の福田寮に移され、朝、6時に起床し、夜10時に就寝しました。

銅工場で、鉄管に砂を入れてハンマーで固め、ガスの火で熱して曲げる作業をさせられました。仕事中に左足指を骨折したのですが、病院の医師はヨーチンを塗り、工場に返しました。その後、亜鉛鍍金のメッキ工場に移され、地下の窯に石炭をくべる仕事をさせられました。徹夜が繰り返される職場でした。

小遣い金が支給され、他の金は故郷の家族へと送金するということでしたが、後に故郷で確認したところ、受け取っていません。食事は、豆油粕に米を少し入れて炊き、さつまいもの蔓を茹でて汁にしたもので、空腹でした。毎日、故郷の父母と家族を思い、生きて必ず会うことを心に誓い、生き抜きました。

8月9日、空襲のサイレンが鳴り、突然、真っ青な光が窓からパッと入り、身体が浮かび、ドスンと落ちました。鉄板がぶつかる音、喚き声が聞こえました。

金漢洙さん（2010年、飯塚市）

顔にやけどして話すことができず、手を握って泣くばかりの者、口が裂け、竹を口に噛ませて重湯を飲ませた同郷の者の姿は、今でも忘れられません。帰国することになり、10月28日の朝、釜山に到着しました（2010年、筑豊での証言、『わが身に刻まれた八月』）。

金順吉(キムスンギル)さんはつぎのように話しています。

慶尚南道、釜山の海雲台(ヘウンデ)の出身で、農家の長男でした。旧制中学を卒業して生薬の統制組合の書記の仕事をしていましたが、1944年12月末に徴用令を示され、45年1月8日に徴用されました。1月9日に釜山を出発し、三菱長崎造船所の裏手にある平戸小屋寮に収容されました。造船工作部輔工係の水上遊撃班員とされ、鉄材を木船に積み、各船台に舟艇で引いて運ぶという仕事をさせられました。6時に起床し、引率されて仕事場に連れていかれました。毎日の酷使と空腹により、逃亡者が続出し、けが人や栄養失調者もでました。

2月末には1・2月分の給与明細を受けました。その内訳は、賃金87円27銭、加給金7円99銭、精勤手当4円35銭、家族手当15円、皆勤賞与1円71銭であり、そこから、国民貯蓄71円28銭、退職積立金3円85銭、健康保険1円5銭、立替金1円、下宿寮費8円80銭、国体会費34円などが引かれました。現金は渡されません。3月には、半島応徴工赴任手当21円50銭、日当1円50銭を支給されましたが、支給金の全額23円は国民貯蓄とされて、手渡されなかったのです。

金順吉さん（「三菱重工と日本政府の戦後責任を問う」）

金順吉さんの意見書（「金順吉裁判資料集3」）

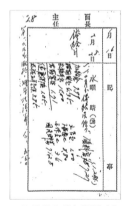
1・2月分の給与記録（金順吉日記・裁判資料）

4月以後、6月に中元賞与20円（預金6円・税金3円60銭）、7月に国民貯蓄20円の払い下げを受けた以外は、賃金を受け取っていません。

8月9日、太田尾付近でトンネル工作用鉄材の運搬作業中に被爆しました。地獄のような長崎のありさまを見て、生きて帰ろうと決意しました。8月12日に同胞数人と長崎を脱出して、8月19日に釜山に到着しました（金順吉訴訟資料）。

● 長崎造船・連合軍捕虜証言

連合軍捕虜の証言をみてみましょう。

インドネシア系のオランダ人のレネ・シェーファーさんは1923年5月生まれ、ジャワ島出身です。レネ・シェーファーさんはつぎのように記しています。

1942年にバンドンで捕虜になり、チマヒ、バタビアの収容所を経て、シンガポールからハワイ丸で日本に連行されました。1943年4月に門司に着き、長崎の収容所に送られました。毎朝5時30分に三菱の造船所まで整列して歩き、夕方6時に疲れ果てて収容所に戻りました。肺炎で死亡者が続出し、鋳型の落下による頭蓋骨骨折事故や足場からの転落事故が起きました。衛兵への敬礼を忘れると、隊列から引っ張り出され、何度も殴られて顔が腫れあがりました。班長のなかには、他の班長や工具の暴力から守ってくれ、食べ物を分けてくれる人がいました。

レネ・シェーファー「オランダ兵士長崎被爆記」

レネ・シェーファーさんの記事（ライデン新聞1995年8月9日）

原爆投下の際には、壕に逃げ込み助かりました。原爆の熱と力が人体に及ぼした症状は目を覆うばかりでした。同室のベアは、体を原爆の閃光に焼かれ、耳のなかにまでウジ虫がわき、苦しみ、亡くなりました。

　シェーファーさんは、平和が道であることを知ることが大切であり、愛こそ、原爆禁止こそが、平和をかちとる力であると書いています（『オランダ兵士原爆被爆記』）。

　オットー・ファンデン・ベリッヒさんの父はインドネシア系オランダ人、母はインドネシア人です。ベリッヒさんは18歳でオランダ軍に徴兵され、1942年3月に日本軍の捕虜になりました。収容所を転々と移され、日本へと送られました。1943年4月に700人が門司に着き、そのうち、300人が長崎に連行されました。造船所の重労働と栄養失調で、半年後には肺炎で倒れました。1945年8月9日、爆心から1.7キロ付近で被爆し、左半身にやけどを負いました。インドネシアに帰還しましたが、あごと首の皮がはりつき、首が動かすことができず、左腕も曲がったままでした。オランダで3年間に7回の手術を受け、首や腕が動くようになりました。結婚の機会は失いました。オランダの小さな村で、ひとりで暮らしてきました。生きていていいことはなかった、つらいことばかりだったといいます（「元オランダ人捕虜ら在外被爆者支援の充実を」「中国新聞」2009年2月2日付）。

4…三菱長崎造船所の戦後補償裁判とはなんですか

●三菱長崎造船所・金順吉訴訟

　三菱長崎造船所に連行された朝鮮人の裁判には金順吉さんの訴訟があります。1992年、金順吉さんは長崎地方裁判所に提訴し、日本政府と三菱重工業による奴隷労働に対し、損害賠償を求めたのです。

　金順吉さんは意見書で、労働奴隷とされた経緯を記し、三菱が戦争中、膨大な

金順吉裁判資料

1991年8月、金順吉さん原爆手帳を取得（「三菱重工と日本政府の戦後責任を問う」）

　軍需品をつくり、その武器で幾百万人が死んだとし、戦争の責任は三菱にもあると記しています。また、被爆した朝鮮人は何の補償も受けられないまま死んでいるが、日本国と三菱はこの戦争の罪を反省することなく過ごしてきたと述べています。そして、自らの歴史的な過ちを反省することなくして友好はないとし、この裁判が金目当てのものではなく、無念の思いを抱いて亡くなった同胞のために、日本と企業の責任を明らかにするものであると訴えています。

　裁判で金さんら原告側は、三菱重工による強制連行が同意の要素を欠く違法なものであること、私企業による強制労働禁止や労働時間・賃金等に関する規制を定めている「強制労働に関する条約」（ILO第29号条約）に反する違法なものであり、奴隷狩り・奴隷輸送に該当すること、日本国が朝鮮人民を奴隷化し、強制連行・強制労働に駆りたてる行為を法制化し、行政が運用したことは共同不法行為であり、そこには損害賠償の責任があると追及しました。

　他方、三菱側は、戦前の会社は戦後に解散し、別会社である、仮に原告の権利がかつて存在していたとしても、日韓条約での請求権協定による国内法（法律第144号）で韓国国民の請求権は消滅した、旧会社は原爆投下後、徴用工に賃金を清算し、集団帰国させており、無断で帰国した者にはその機会がなかったと主張しました。国側も損害賠償の法的根拠がないことをあげました。ともに賠償を拒否したのです。

　原告側は、そのような主張は日本国憲法第29条（財産権）などに反し、国際

法の強行規範に抵触するものであり、無効であると反論しました。

◉三菱の強制労働の事実を認定

1997年の長崎地裁の判決は、国と三菱が違法な手段で連行し、半ば軟禁状態で労働を強制したこと、その三菱の不法行為の責任については認定しましたが、旧三菱重工は解散し、新会社には未払い賃金債務は継承されない、また、旧憲法下では国の権力作用による個人の被害への賠償責任はないとし、金さんの請求を棄却しました。

金順吉さんは控訴しましたが、1998年2月に肺がんのために釜山で亡くなりました。75歳でした。遺族は裁判を継承しましたが、1999年10月、福岡高等裁判所は一審判決を支持して、控訴を棄却しました。遺族は最高裁判所に上告しましたが、最高裁は2003年3月に上告を棄却しました。敗訴はしましたが、強制連行・強制労働の事実は認定されました。

三菱重工業名古屋朝鮮女子勤労挺身隊訴訟の判決でも、強制連行・強制労働の事実が認定されています。また、三菱名古屋判決では、国家無答責や別会社論を否定し、その責任と被害者の権利を認めています（名古屋高裁判決2005年）。

このように、すでに確定した判決で、戦時の朝鮮人の強制労働は認定されています。日本政府は「明治日本の産業革命遺産」の登録に際し、意に反して働かせたが、強制労働ではないとしていますが、このような判決での強制労働の事実認定に従うべきでしょう。

5…長崎に遺跡や碑がありますか

◉三菱兵器大橋工場標柱・船型試験場建物

長崎市文教町の長崎大学にはかつて三菱長崎兵器大橋工場がありました。大学

の塀の脇には三菱長崎兵器の標柱が残っています。三菱のマークをつけた小さな柱は長崎の兵器生産の歴史を示す貴重な史跡です。

三菱長崎兵器工場跡

長崎造船所船型試験場

　当時、城山小学校には三菱長崎兵器の給与課、鎮西中学には三菱長崎電機と三菱長崎製鋼が疎開し、各地で地下工場の建設をすすめていました。工場や疎開工場にはたくさんの人々が動員され、そのなかには、連合軍捕虜や植民地朝鮮からの連行者もいました。三菱長崎兵器大橋工場の近くには三菱長崎造船所の船型試験場の建物があり、爆風の影響で今も建屋が少し傾いています。

●三菱長崎造船所と三菱兵器の追悼碑

　長崎造船所船型試験場と三菱長崎兵器の標柱の中間の地点に三菱長崎造船と三菱兵器の追悼碑、原爆供養塔（1952年）と原爆殉難者芳名碑（1989年）があります。

　原爆供養塔の碑文には、戦時中、三菱兵器製作所には1万5000人もの人々が動員され、魚雷生産に従事し、1945年8月の原爆により全滅に近い状況となったことが記さ

長崎造船所原爆犠牲者追悼碑

長崎造船所原爆犠牲者碑の朝鮮人名

3　長崎造船所　73

長崎造船所原爆犠牲者名簿・朝鮮人関係部分

れています。原爆殉難者芳名碑には、三菱重工業長崎原爆供養塔奉賛会が、従業員・応徴士・女子挺身隊・動員学徒全員の名前を精査して建てたことなどが記されています。

この碑の長崎造船所長崎兵器製作所報国隊のところに、湊川孟弼、村川治珍、山内奎典、新川床聖、長崎造船所のところには益山光植、柳川仁聖、柳川孝赫、山田義味、李承宇、李昌大燐、李藤炳学、金本大植、金山致星、金原択瑞、金白熊彬などの朝鮮人の創氏名があります。

●三菱長崎兵器住吉地下工場跡

長崎の爆心地から約2キロ先、路面電車の終点、赤迫の近くに三菱長崎兵器の住吉地下工場跡があります。この地下工場の掘削は西松組が請け負い、朝鮮人の強制労働によって掘削しました。地下工場用トンネルは約10メートル間隔で6本掘削され、長さは約300メートル、幅は約5メートル、コンクリート製の頑丈なつくりです。1945年8月9日、トンネルを熱線と爆風と放射線がおそいました。上半身裸で働いていた人々は体を焼かれ、トンネルの山の上にあった飯場は直撃を受けました。被爆後、このトンネルは被爆者の避難所として使われ、トンネル内で息絶えた人々も多かったといいます。

三菱長崎兵器地下工場跡

長崎市が作成した案内板には、強制的に動員された者もあり、トンネルの掘削工事で過酷な労働に従事した旨が記されています。

●長崎原爆朝鮮人犠牲者追悼碑

平和公園には長崎原爆朝鮮人犠牲者の追悼碑があります。この碑は岡正治さんら長崎

74

在日朝鮮人の人権を守る会の活動により、1979年8月に建てられたものです。碑の解説には、強制労働の下で約2万人の朝鮮人が被爆し約1万人が死亡とあります。長崎原爆死7万人余のうち1万人前後が朝鮮人とみられます。この碑は、朝鮮人を強制連行し、強制労働の果てに原爆死に至らしめたという戦争責任をわび、核兵器の絶滅と朝鮮の平和的な統一を念じて、建てられました。

長崎原爆朝鮮人犠牲者追悼碑

岡まさはる記念長崎平和資料館（西坂町）には、朝鮮人・中国人の強制労働に関する展示があります。

◉浦上刑務支所跡・中国人原爆犠牲者追悼碑

平和公園の長崎刑務所浦上刑務支所の跡地には、中国人原爆犠牲者追悼碑があります。碑は2008年に建立され、2013年には追悼碑の説明版ができました。そこには、三菱崎戸炭鉱26人、日鉄鹿町炭鉱6人の中国人原爆犠牲者を追悼し、正しい歴史認識と日中友好を願うことが記されています。また、高島、端島への中国人の連行についても記されています。

浦上刑務支所中国人原爆犠牲者追悼碑完成（追悼碑建立委員会）

浦上刑務支所発掘（1992年、「浦上刑務支所中国人原爆犠牲者追悼碑報告集」）

3　長崎造船所

浦上刑務支所跡

平和公園の被爆遺構を保存する会のチラシ

　この碑は長崎の炭鉱に連行された中国人の訴訟を支援するなかで建てられました。

◉外国人戦争犠牲者追悼・核廃絶人類不戦の碑

　平和公園にある外国人戦争犠牲者追悼・核廃絶人類不戦の碑は1981年に建てられました。長崎の俘虜収容所第14分所は爆心から1.7キロほどにあり、収容された連合軍捕虜は三菱長崎造船所で労働を強いられました。碑は、強制連行されて原爆の犠牲となった朝鮮人や中国人、連合国の捕虜などすべての外国人犠牲者を追悼し、長崎の地から核廃絶と不戦を呼びかけるものです。

◉福岡俘虜収容所第2分所犠牲者追悼碑

　長崎には福岡俘虜収容所第2分所がおかれ、収容された連合軍捕虜は川南工業香焼造船所で労働を強いられました。2015年9月、その収容所の跡地に追悼碑が建てられました。
　この収容所にはオランダ、イギリス、アメリカ、オーストラリアなどの連合軍捕虜が、多いときで1500人ほど収容されていました。捕虜は各地に移動させられ、日本敗戦時に500人ほど収容されていました。死者は73人です。

碑の横には、戦後、救援物資を空輸中に墜落したB29の死者13人を追悼する碑があります。

川南工業に連行されたヒュー・クラークさんの手記

福岡俘虜収容所第2分所犠牲者追悼記念碑（「同碑除幕・平和祈念式報告書」）

●グラバー邸

南山手町のグラバー邸は、スコットランド出身の商人トーマス・グラバーの屋敷です。グラバーは1838年に生まれ、1859年に長崎に来て、グラバー商会を設立しました。グラバー商会はジャーディン・マセソン商会の代理店でした。ジャーディン・マセソン商会はアヘンの密貿易で利益をあげた会社です。グラバー商会は幕末の武器販売で利益をあげました。グラバーは高島炭鉱の開発や小菅修船場の建設などの事業もすすめました。

明治に入り、グラバー商会は倒産しましたが、グラバーは高島炭鉱を経営しました。三菱が高島炭鉱を買収した後も、所長として経営し、三菱の相談役となりました。グラバーは日本人と結婚し、2人の子どもを育て、1911年に亡くなりました。グラバー夫妻の墓は長崎市の坂本国際墓地にあります。

グラバー邸からは三菱の長崎造船所が展望できます。1939年、グラバー邸は三菱長崎造船所により軍の艦艇生産を秘匿するために買収されました。その後、

グラバー園

グラバー夫妻の墓

1957年に長崎市に寄贈され、いまでは公開されています。

●如己堂

浦上には、長崎で被爆した医師、永井隆の活動を語り継ぐ如己堂があります。建物の名は「己の如く人を愛せ」という言葉からきています。永井隆は『いとし子よ』（1949年）で、日本国憲法についてつぎのように書いています。

憲法は条文どおり実行しなければならないから難しい。実行するだけでなくこれを破ろうとする力を防がねばならぬ。これこそ戦争の惨禍に目覚めた日本人の声なのだ。しかし理屈は何とでもつき、世論はどちらへもなびくもの。国際情勢しだいでは憲法を改めて戦争放棄の条項を削れと叫び、世論を日本再武装へと引き付けるかもしれない。そのときこそ、誠一よ、カヤノよ、たとえ最後の二人になっても、どんな罵りや暴力を受けても、きっぱりと「戦争反対」を叫び続け、叫び通しておくれ！ たとえ卑怯者とさげすまれ、裏切り者とたたかれても「戦争絶対反対」の叫びをまもっておくれ！（要旨）。

妻を原爆で失い、自らは白血病となった永井はこのとき42歳、子の誠一は14歳、カヤノは9歳でした。

原爆投下も強制労働も人間がおこなった行為です。平和は、祈るだけでなく、そのような行為の歴史的責任を追及し、過去の清算を求める行動によって実現します。

[コラム]
❸

「砲艦外交」と反射炉

　1853年、アメリカの東インド艦隊司令長官ペリーは、ミシシッピ号など軍艦4隻で江戸湾の浦賀に来航し、江戸幕府に開国を要求し、翌年、開国させました。このような軍艦と大砲の威嚇による外交を「砲艦外交」とよびます。

　反射炉は大砲を鋳造するためにつくられました。反射炉とは銑鉄を製錬するための溶解炉です。湾曲した天井で熱や炎を反射させて、溶解温度が1500度以上になるように工夫しました。

　幕末の韮山代官江川坦庵は、伊豆の韮山に反射炉をつくり、大砲の鋳造をめざしました。ここでは、青銅と鉄の大砲と砲弾が鋳造されました。品川には6つの台場が築造され、大砲が配置されました。台場は2つが残っています。江戸幕府が反射炉と台場の建設を認めたのは、ペリー来航後のことでした。

　韮山反射炉の着工は1854年、完成は江川坦庵死後の1857年でした。反射炉は4本が建設されました。韮山の反射炉では、鉄製の18ポンドカノン砲（4挺）、青銅製の12ポンドホウイッスル砲（29挺）、青銅製のライフルカノン砲（13挺）などを作りました。原料には石見産の砂鉄、釜石の銑鉄などが利用されましたが、砂鉄で製造した大砲は割れやすかったといいます。

　反射炉は、薩摩藩の集成館、佐賀藩の築地・多布施、福岡・黒田藩の博多、島原藩の安心院、長州藩の萩、備前藩の大多羅、鳥取藩の六尾、幕府天領の韮山、江戸の滝野川、水戸藩の那珂湊などに建設されました。銑鉄のための高炉は薩摩、仙台、南部（釜石）、函館などに設置されました。

　開国後、各地の反射炉は破壊されましたが、韮山と萩の反射炉は現存しています。

韮山反射炉（静岡県伊豆の国市）

韮山反射炉の展示では、韮山での製砲事業は幕府直営の大砲製造所に移され、さらに砲兵工廠に引き継がれた。日本の重工業化は大砲・小銃の製作などをきっかけに軍事工業を中心に推進された。韮山の反射炉は東京・大阪の砲兵工廠や長崎・横須賀での軍艦製造など、重工業の発展の原点であると位置づけています。

　また、展示では、江川の砲術研究を異国船と同等の兵力を備えることを目的とし、戦争をするために軍備を進めたわけではなく平和的に外交をおこなうための備えだったのではないだろうかと記しています。

萩反射炉

　大砲製造を「平和のための備え」として評価することは、それを正当化することになりかねません。

　萩にも反射炉が残されています。萩の反射炉の製造は、これまで1858年とされてきましたが、1856年に製造された試験炉とする説が有力です。萩では、反射炉は実用されなかったとみられます。

　ヨーロッパでは転炉や平炉による製鉄がおこなわれるようになり、反射炉による製錬は時代遅れとなりました。

4　高島炭鉱

1…高島炭鉱はどのようにしてできたのですか

●三菱財閥の源泉

　高島は長崎港から約 14.5 キロメートル先にあります。高島では 18 世紀はじめから石炭が採掘されました。高島炭鉱の開発は日本の近代化とともにすすみ、1868 年には佐賀藩とグラバー商会によって経営されるようになりま

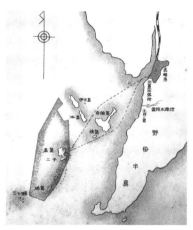

高島地図・1930 年代（絵葉書）

北渓井坑跡 1970 年代（高島炭鉱労組「30年史」）

蛎瀬坑（絵葉書）

二子第1斜坑口の三菱社章（石炭資料館）

二子坑・石炭積込 1938 年ころ（絵葉書）

した。グラバーは高島に西欧の採炭技術を導入し、その技術は筑豊や北海道での採炭にも利用されました。1874 年には官営となり、受刑者の労働による採掘がおこなわれました。高島はすぐに後藤象二郎に払い下げられ、1881 年に三菱が高島を経営するようになりました。三菱は 1890 年に端島を所有しました。

　高島を含む西彼(せいひ)炭田の海底の厚い炭層から産出される石炭は質が良く、製鉄にも使用できました。しかし、採炭は困難であり、事故が多い危険な現場でした。海底を掘り進むため、坑内の塩分を含む湧水を排水するための施設の導入など、生産施設の費用もかかりました。

　高島炭鉱の年出炭量は 1910 年代には 20 万トン台でしたが、1920 年代には 50 万トン台、1930 年代には 60 万トン台となります。1940 年代に入ると、三菱にとっ

て高島炭鉱は出炭量でみれば、北海道の美唄、大夕張、長崎の崎戸、筑豊の鯰田に次ぐ炭鉱となりました（『三菱鉱業社史』）。

　1941年の出炭量をみると、高島坑が37万トン、端島坑が41万トンであり、両坑の計は78万トンとなり、鯰田の74万トンを抜きます。増産のかけ声のなかで、端島坑では1941年に41万1100トン、高島坑（二子坑・新坑）は1942年に39万2500トンの最高出炭を記録しました（『高島炭礦史』）。

　高島炭鉱は三菱の代表的な炭鉱に成長し、三菱財閥の源泉となりました。

2…高島炭鉱での労働者の状態についてわかりますか

● 「高島炭鉱の惨状」

　初期の高島炭鉱は、納屋頭が坑夫を中間搾取や暴力で支配し、事故が多発し、衛生状態も悪いものでした。多くの労働者が生命を失っています。1872年・73年と坑夫が暴動を起こし、死傷者がでました。1875年にはガス爆発で坑夫40人が死亡しました。1877年にはコレラが流行し、死者は1049人といいます。1880年にはガス爆発で47人が死亡しました。三菱経営後の1885年にもコレラが流行し、561人が死亡しました。この年の高島炭鉱の死者は844人、86年が280人、87年が127人に及びます（『炭坑誌』）。

　高島炭鉱での圧制を聞いた松岡好一は長崎市内の斡旋業者を通じて高島炭鉱の納屋に入り込み、1888年6月、政教社の機関誌「日本人」第6号に「高島炭鉱の惨状」を書きました。同年8月には「日本人」第9号が特集記事を組みました。この高島炭鉱での3000人の坑夫への圧制は社会問題になり、日本政府も現地を視察し、改善を勧告しました。高島炭鉱は「圧制ヤマ」として知られるようになりました。

　暴力的な労務管理のなか、労働者はストライキで抵抗しました。たとえば、1897年5月末、高島の坑夫700人が納屋頭の食費値上げに反対し、ストライキ

を起こしました。警察が派遣され、鎮圧されましたが、食費を上げると再び暴動となり、首謀者18人が拘束されました。同年7月にも納屋販売の煙草が高価であることをきっかけにストライキになっています。端島でもストライキが起きました（『炭坑誌』）。

労働者の闘いによって納屋制度は廃止され、直轄雇いが導入されました。しかし、納屋支配は形を変えて残りました。

1906年3月には高島炭鉱蛎瀬坑（かきせ）で事故が起き、307人が死亡しました。三菱経営になってから、敗戦までの労災や病気による死亡者は1000人を超えました。

● 1917年朝鮮での募集開始

三菱高島は労働者不足のために日本各地で募集をすすめました。1916年には高島と端島で少年と女性の坑内労働を試み、さらに朝鮮人の募集を始めました。三菱高島炭鉱は1917年9月21日に朝鮮での募集の認可をうけ、約150人を高島炭鉱へと連れてきました（『筑豊石炭礦業史年表』）。

1918年5月には高島炭鉱での朝鮮人数は334人に増えました。当時の高島炭鉱の労働者数は3336人でした。朝鮮人が一割を占めるようになったのです。三菱は朝鮮での募集をつづけ、朝鮮内に募集人を配置しました。朝鮮人の死傷者も増えるようになり、1918年5月の二子坑でのガス爆発事故では2人の朝鮮人が負傷しました。蛎瀬坑で1919年2月に朝鮮人が墜落して死亡し、同年12月には同坑での落盤事故で朝鮮人が重傷を負いました（『炭坑誌』）。

1930年代後半、増産のために高島での新坑の掘削や端島での第2竪坑の掘り下げがすすめられました（『高島炭礦史』）。これらの工事にも多くの朝鮮人が動員されたとみられます。

1938年に15歳で渡日した韓英明（ハンヨンミョン）さん（慶尚北道・大邱（テグ）出身）は、1939年夏に、長崎で「8時間労働・日給4円」の募集に日本人名で応じました。小船で高島へと連れて行かれ、20人ほどの日本人飯場に入れられました。飯場は藁敷き（わら）の土間に粗末なゴザを敷いたところでした。韓さんはそのとき16歳でした。坑道で石炭を積む仕事をさせられましたが、親方は10銭・20銭と書き込んだ紙切

れしか渡さなかったのです。負傷しても抜糸もしないうちに仕事に駆りたてられました。逆らえば殴られ、逃亡して発見されればリンチを受けるという現場でした。拷問による悲鳴や呻き声が、飯場にまで聞こえました。飯場の出口は監視されていました。1940年の秋、韓さんらは3人で丸太につかまって香焼まで泳ぎ、脱出に成功しました（『娘・松坂慶子への「遺言」』）。

3…三菱鉱業の強制労働についてわかりますか

●三菱鉱業の朝鮮人連行約6万人

　三菱鉱業は1918年に三菱合資会社の鉱業部門が独立してできました。戦時下、三菱鉱業は連行された朝鮮人を労働力として利用しました。三菱鉱業は動員希望数を政府に申請し、承認を受け、朝鮮現地で動員に関わったのです。

　石炭では、九州の新入、方城、鯰田、上山田、飯塚、勝田、高島、崎戸、北海道の大夕張、美唄、雄別などに連行しました。ひとつの炭鉱で数千人の規模で朝鮮人が労働を強いられました。北海道の三菱系の炭鉱では、鉄道工業、原田組、黒田組、地崎組、松村組、土屋組などが、坑内外の労働を請け負いました。その中にも連行朝鮮人がいました。

　鉱山では、佐渡、生野、明延、尾去沢、尾平、槇峰、細倉、手稲、新下川などに朝鮮人が連行されました。戦時動員がすすむと、炭鉱や鉱山で労働していた朝鮮人への現員徴用もおこなわれました。朝鮮人女性を連行し、性的奴隷とした炭鉱や鉱山もありました。

　三菱鉱業による日本各地での戦時の朝鮮人の強制動員数は6万人ほどとみられます。

　三菱は朝鮮半島での鉱業開発もすすめました。金堤、青岩、佑益、海州、蓮花、月田、花田里、宝生、三光、鉄嶺、甘徳、大同、大宝、茂山、下聖などの鉱山や朝鮮無煙炭、清津製錬、兼二浦製鉄などで事業をおこないました。

4　高島炭鉱　●85

サハリンでは南樺太炭鉱鉄道を支配し、内幌、塔路、北小沢の炭鉱を経営しました。

　戦争の拡大とともに三菱は、中国、シンガポール、マレー、タイ、インドネシア、フィリピンなどでも経営を拡大し、軍の支配下で民衆を労務動員させ、利益をあげました。占領と植民地支配により、三菱は利益を拡大したのです。

4…戦時の強制労働についてわかりますか

●高島炭鉱（高島・端島）4000人の朝鮮人連行

高島炭鉱への朝鮮人動員数、1942年6月末で1110人（「移入朝鮮人労務者状況調」）

　高島炭鉱（高島・端島）には、中央協和会の史料では、1939年から1942年6月までに朝鮮人1110人が連行されました（「移入朝鮮人労務者状況調」）。

　石炭統制会の史料から高島炭鉱への1943年の連行状況をみてみましょう。1月には全羅南道から200人、4月には黄海道から90人、5月には黄海道から87人、8月には全羅南道から100人、10月には全羅北道から120人の計597人が連行されています（石炭統制会京城事務所「半島人労務者供出状況調」1944年1月）。

　石炭統制会の統計資料から1944年の連行数は1000人以上とみられます（「労務状況速報」、「支部管内炭礦現況調査表」など）。

　1944年の9月にはサハリンにある三菱の塔路炭鉱と北小沢炭鉱から高島炭鉱（高島・端島）へと410人の朝鮮人が転送されました（「樺太釧路整理炭礦勤労者転出先調」）。

　厚生省勤労局「朝鮮人労務者に関する調査」の

表4-1　三菱高島炭鉱・朝鮮人連行（残留者分）

連行年月日	主な出身郡	連行数・帰国者分
1942.8.16	忠北槐山	90
9.5	忠北清州	63
10.18	黄海延白	57
10.31	黄海碧城	59
12.10	全南光州	45
小計		314
1943.1.22	全南和順・咸平・霊巌	165
1.26	全南和順・宝城	49
5.22	黄海信川	107
8.12	全南長城・高興	49
10.17	全北完州	21
10.27	全北金堤	125
小計		516
1944.1.17	慶南晋州・晋陽	69
1.30	慶南南海	21
5.19	慶南咸陽	49
7.2	慶南宜寧	23
8.8	慶南密陽	14
8.13	京畿楊州	41
8.27	京畿富川・開城・仁川	24
小計		241
1945.1.19	全南順天	92
2.24	全北井邑	102
3.27	全北益山・忠北堤川	34
小計		228
合計		1,299

厚生省勤労局調査・長崎県分高島炭鉱名簿から作成、8.15解放以後の帰国者分を示す。

表4-2　高島炭鉱・朝鮮人連行1943年

月	連行数	道
1	200	全南
4	90	黄海
5	87	黄海
8	100	全南
10	120	全北
計	597	

石炭統制会労務部京城事務所「半島人労務者供出状況調」から作成、朝鮮から送出した数

高島炭鉱朝鮮人動員・解放後の帰国者数を徴用を含む雇用数として報告（厚生省勤労局調査）。

長崎県分には、高島炭鉱の戦後の解雇者1299人の名簿が残されています。この名簿からは1944年8月に14歳、15歳の少年も連行されたことがわかります。この名簿には死亡者や逃亡者、解放前の帰国者については記されていません。この名簿に示されている供託金は不十分なものです。

　これらの史料から、高島炭鉱（高島・端島）への連行数を約4000人と推定で

高島炭鉱・協和会員章（『強制動員寄贈資料集』）

三菱高島の勤倹預金通帳（『同資料集』）

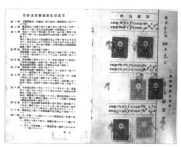
同勤倹預金取扱規程（『同資料集』）

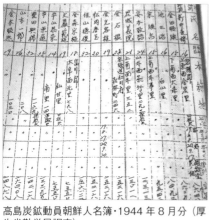
高島炭鉱動員朝鮮人名簿・1944年8月分（厚生省勤労局調査）

きます。事業場の規模から、高島へは2000人以上、端島へは1000人以上が連行されたとみられます。

　連行がはじまる前年の1938年12月に高島炭坑の坑夫となり、戦争末期に現員徴用されたとみられる朝鮮人の協和会員章と、勤倹預金通帳が収集されています。

●圧制と抵抗

　朝鮮人が集団的に連行され、高島と端島に振り分けられました。連行者は、高島では百万・仲山・二子などに収容されました。端島では北方の建物に収容されました。連行された朝鮮人は協和会に組織され、警察によって監視されました。三菱は「勤倹預金通帳」を作成し、会社に預金させて、逃走を防止しました。

　事故の多発については、石炭統制会の「主要炭鉱朝鮮人労務者就業状況調」（1944年1月分）の高島炭鉱（高島・端島）の項に、在籍1503人の朝鮮人のうち、業務上死傷病者は55人、業務外死傷病者は186人とあり、計241人とされています。死傷病率は16％の高率です。逃亡者の欄は0人とされています。この数字は高島炭鉱の圧制と監視の強さを物語るものです。

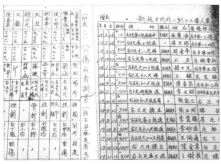
三菱高島新坑「華人労務者調査報告書」

端島に連行された李慶雲さん（右）、高島に連行された連双印さん（中央）（2002年7月、「浦上刑務支所中国人原爆犠牲者追悼碑報告集」）

労務管理が強められるなかで朝鮮人の抵抗がおきました。たとえば、1944年3月1日、高島炭鉱（朝鮮人連行者1278人就労）で13人が「空腹」を理由にストライキを起こしました（『特高月報』1944年4月）。

中国人は高島炭鉱（高島・端島）に計409人が連行されました。高島には1944年7月に205人が連行され、死亡数は15人でした。

長崎地裁前、中国人原告（2004年12月、浦上刑務支所中国人原爆犠牲者追悼碑建立実行委員会）

高島炭鉱（高島・端島）での外国人（中国人・朝鮮人）の割合は全労働者の40％を超えるようになります。

5…体験者の証言がありますか

●高島・朝鮮人証言

連行された朝鮮人の証言をみてみましょう。

孫龍岩さん(『酷い別れ』)

鄭福守さん(『酷い別れ』)

朝鮮人収容地

孫龍岩(ソンヨンアム)さんは江原道高城郡の出身です。16歳の1943年11月、束草(ソクチョ)駅で警察に連行され、勤労報国隊員とされました。釜山から北海道経由でサハリンの三菱の炭鉱に連行されました。坑内で石炭を砕き、トロッコに積む仕事をさせられました。1944年にサハリンから高島炭鉱に送られました。海の下にまっすぐに降りていき、横に分かれて石炭を掘りました。島のなかは自由に歩けても、船は徹底的に検査され、逃げたくても逃げようがありません。8・15解放により、仕事はしなくなりました。解放されてもすぐには家に戻れず、早く返せ、送れと騒ぎました。10月初旬に、小さな漁船に100人ほどが乗って、高島を出ました。サハリンでも高島でも、給料らしいものは与えられず、小遣い程度が渡されました(『原爆と朝鮮人7』、『酷い別離』)。

鄭福守(チョンブクス)さんは全羅南道莞島(ワンド)郡出身です。1943年にサハリンの三菱系炭鉱に連行されました。村で3人が割り当てられ、それに従うしかなかったのです。1年ほど経って、サハリンから高島炭鉱に送られました。高島では海の底で石炭を掘りました。地下はとても暑く、危険でした。2交替で仕事をしました。食料の事情が悪く、大豆カスに米を混ぜたご飯でした。給料は煙草代程度の少額でした。周りは海で、無断で船に乗ることはできません。働く人はみな罪人と同じでした(『原爆と朝鮮人7』、『酷い別離』)。

●高島・中国人証言

長崎県の炭鉱では、中国人は三菱鉱業が経営する高島、端島、崎戸と日鉄鉱業の鹿町炭鉱に強制連行されました。2003年11月、連行された中国人が、日

中国人収容地

李如生さんと王白旦さんの高島再訪（2005年12月、追悼碑建立委員会）

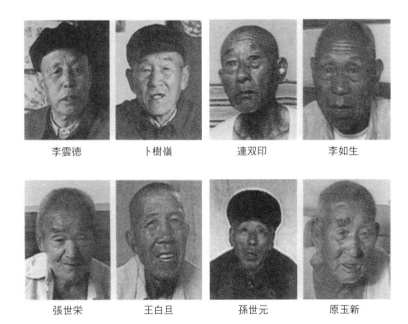

高島・中国人連行者（『二戦擄日中国労工口述史２』）

本政府と三菱マテリアルに対し、謝罪と賠償を求めて提訴しました。高島では王白旦、連双印、李如生さんが、端島では李慶雲、李之昌、王樹芳さんが原告になりました（『長崎の中国人強制連行』）。

4　高島炭鉱　91

王白旦さんは河北省出身です。八路軍の遊撃隊に参加し、1943年8月、日本軍に捕えられ、拷問されました。中国から高島炭鉱に連行され、トロッコに石炭を積み込む仕事をさせられました。監督は何かあるとすぐに「ばかやろう」と殴りました。疲れて眠りこけたときに、監督がひどく殴り、そのため背骨が変形しました。みかんの皮を拾って食べても、殴られました（『長崎の中国人強制連行』）。

　長崎の中国人強制連行裁判は2009年12月に高等裁判所で敗訴しました。しかし、原告を含む中国人被害者は三菱マテルアルと交渉を重ね、2014年、中国内での提訴をすすめました。

　2016年になり、三菱マテリアルは基金を設置し、被害者、遺族に1人当たり10万元を支払う、日本国内に記念碑を建立するため1億円を拠出する、被害者や遺族の所在調査に2億円を拠出するという形での和解をすすめました。三菱マテリアルは、当時の使用者として、歴史的責任を認め、中国人労働者およびその遺族に対し深甚なる謝罪と哀悼の意を表するとしたのです。

6…高島に遺跡や碑がありますか

蛎瀬礦罹災者招魂碑（1906年建立）

●千人塚の「供養塔」

　高島炭鉱での死者を追悼する碑には、正明寺の三菱炭礦時代無縁法界萬霊塔（1892年）、高島神社近くの蛎瀬礦罹災者招魂碑（1906年）、墓地・千人塚の供養塔（1920年）などがあります。そこに死亡者の名前は明示されてはいません。

　千人塚の供養塔には端島が閉山した後に、端島の遺骨も集められました。高島炭鉱の閉山により、納骨堂の遺骨は金松寺(きんしょう)に集められました。貴重な資料は処分されたといいます。亡くなっ

千人塚の供養塔（1920年建立）

供養塔から移された遺骨・金松寺（2005年、「死亡記録を通して見た端島炭鉱強制動員朝鮮人死亡者の被害実態に関する基礎調査」）

た人びとの名前を復元できればと思います。

　権現山公園には元労務が供養のためにおいたという地蔵があります。蛎瀬坑近くには閉山後の1988年に建てられた慰霊碑があります。

高島・供養塔（1970年代、高島炭鉱労働組合「30年史」）

高島・供養塔内部（1970年代、「30年史」）

● 安藤翁公徳謝恩碑

　安藤翁公徳謝恩碑は三菱高島炭鉱での1917年からの朝鮮人募集とその後の労働を示すものです。この碑は1921年7月に三菱が朝鮮人に建てさせたものです。碑は百万社宅の丘近くにあります。碑の前面

追悼の地蔵

4　高島炭鉱 ● 93

安藤翁公徳謝恩碑

安藤翁公徳謝恩碑文（復元）

三菱岩崎碑文（復元）

は欠落していますが、後面には「鮮人労働者募集開始」「従業スルハ大正六年十月」などの文字があります。朝鮮人を管理した安藤兼造は「懇且ツ直」「善ク導キ」と賛美されています。碑には李圭祥・李五福・全徳彦・張曲奎といった朝鮮人名があります。

　岩崎平先生記念碑は戦時にすすめられた朝鮮人強制連行の初期の歴史を示すものです。この碑は募集された朝鮮人が1940年10月に建てたものとされています。碑文によれば、「内鮮一体」「出炭報国」の精神のもとで、大坪雄次郎が朝鮮人募集の中心となり、岩崎平は訓練所長として300人余りの朝鮮人を配下としました。碑では、岩崎の「教育」を「天性仁厚」、「護我如己」と賛美しています。三菱は労務動員計画による集団募集をこのような形で正当化させていたのです。

◉三菱石炭鉱業の慰霊碑

　1988年、三菱石炭鉱業は高島神社に慰霊碑を建てました。その碑文には、「この間、中国並びに朝鮮半島から来られた人々を含む多数の働く者及びその家族が、民族・国籍を超えて心を一つにして炭鉱の灯を守り、苦楽を共にした日々を偲ぶとともに志半ばにして職務に殉じられ、或いはこの地において物故された諸

霊を慰めるためにここに碑を建立し、永遠の御冥福を祈念する」とありました。

この碑文には、意思に反して動員し、労働を強いたという認識はみられません。この碑文は三菱の歴史認識を示すものでしたが、いまはありません。慰霊碑は残っています。

高島炭鉱での死者の名の多くが不明です。1943年10月には、高島の二子坑で49人が死亡する事故がおきました（『炭坑誌』）。ここには朝鮮人も含まれていたとみられますが、現時点では、このときの死亡者名は不明です。

三菱慰霊碑文（1988年）

三菱は慰霊碑とともに安藤翁公徳謝恩碑と岩崎平先生記念碑を再建しましたが、その後撤去しました（写真・住民提供）。

● 高島の炭鉱跡

初期の遺跡としては、グラバーの別邸跡、洋式竪坑の北渓井坑跡などがあります。

戦時下採掘された高島新坑の坑口は封鎖されていますが、旧役場近くにその坑口跡があります。協和会館はその後、高島町の役場とされました。

北渓井坑跡　　　二子坑跡　　　　　高島新坑

4　高島炭鉱　●95

高島・西田屋（遊廓）跡

高島・遊廓跡（朝鮮女性収容）

　連行された朝鮮人は高島新坑、蛎瀬坑、二子坑などの近くに収容されました。中国人は蛎瀬坑近くに収容されました。中国人が収容された建物はありませんが、石段が残っています。
　炭鉱用に女性たちが収容された遊廓があり、朝鮮女性が収容されていたという場所もあります。
　戦後、高島炭鉱には三菱に直接雇用された労働者だけでなく、下請けの労働者が働いていました。下請けには間組（はざま）、新菱建設、西部建設の３社があり、その下に約20の組がありました。仕事を請け負った組の班長が一括して賃金を受け取り、組の労働者（組夫）に配分していました。1965年ころには高島、端島で約2000人いました（『炭坑誌』）。
　高島炭鉱は1986年に閉山となりました。閉山時も社員と下請の賃金には格差がありました。

石炭資料館

　現在では高島の石炭関連の産業遺跡はわずかです。炭鉱は再開発にむけ、炭鉱施設の多くが破壊され、更地とされました。石炭資料館の建物にはかつて高島炭鉱の労働組合が入っていました。炭鉱跡地には石炭の塊が残っています。
　閉山後の高島の風景から、初期の洋式竪坑にみられる資本の歴史だけでなく、労働者のさまざまな歴史の物語を探すことができます。

5 | 端島炭鉱

1…端島炭鉱はどのようにしてできたのですか

●端島での炭鉱開発

　端島は高島から５キロメートル沖にあります。端島から南の野母半島までの距離も５キロメートルほどです。端島での採掘は近代になってはじめられ、旧佐賀藩の鍋島孫六郎が 1887 年に第１竪坑を開坑しました。その後、炭鉱経営は 1890 年に三菱に移りました。端島は高島炭鉱の支坑として開発がすすみました。日清戦争後の 1895 年に第２竪坑、1896 年に第３竪坑が開坑し、第１次世界戦争後の 1925 年に第４竪坑が開坑しました。地下に最大で１キロほど降下し、坑道を掘りすすむようになりました。このうち戦後まで使用された竪坑は第２竪坑と第４竪坑です。

　炭鉱施設の拡充とともに埋立と護岸工事がすすめられました。端島の西側は外海の荒波を受ける場所ですが、その部分に炭鉱労働者用の居住施設が建設されました。1916 年以後、鉄筋コンクリートによる９階、７階、４階などの高層アパートができました。商店や下請け労働者の建物も西側にできました。海が荒れると９階にまで、波が飛ぶこともありました。

　中央の丘には、炭鉱全体を見下ろすように職員の住居がつくられました。東側には、坑口、選炭、積炭の現場がありました。東側の採炭・選炭の現場を守るように、西側の労働者のアパートが荒波を防波堤のように受け止めてきました。石炭の採掘あっての人間の生活でした。職員、鉱員、下請の格差は、居住空間の

5　端島炭鉱　●97

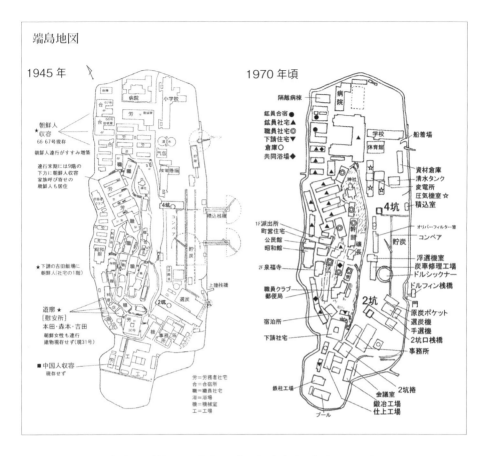

配置に現れています。形状から端島は「軍艦島」と呼ばれるようになりました。

● 端島炭鉱の労働者

初期の端島炭鉱での労働者の状態についてみましょう。

1892年9月、端島の坑夫300人が採炭の紛争からストライキを起こしました。1894年2月には、端島の坑夫200人が食事の改善を求めてストライキを起こし、納屋などを破壊しました。警官隊が出動し、39人が逮捕されました。1908年7月には、端島で派出所と炭鉱事務所など襲撃する事件が起き、55人が逮捕されました（『筑豊石炭礦業史年表』）。

初期の端島（絵葉書）

端島（「石炭時報」1-1・1926年、『酷い別れ』）

端島 1938 年頃（絵葉書）

端島 2003 年

中ノ島

　1907年の「三菱端島労働状況」には、坑夫募集人が一人につき3円の手数料を得るが、炭鉱を楽園のように吹聴し、欺瞞して募集している。坑夫は故郷を忘れがたく、募集人に欺かれたことを悔いている。会社は「淫売店」を開業させ、さらに賭博を奨励している。坑夫はこの陥穽（かんせい）におちいり、前借金によって自由を縛られているなどと記されています（『筑豊石炭礦業史年表』）。

　1917年からの三菱の朝鮮での募集により、端島でも朝鮮人が労働するようになりました。1939年からは朝鮮人の強制連行がはじまりました。戦時の増産態

5　端島炭鉱　●99

勢により、1941年には年間の最高出炭である41万トンを産出しました。1944年には中国人も強制連行されました。

桟橋近くに残る門は「地獄門」とも呼ばれ、周囲の高い堤防は逃亡を止める壁の役割もはたしていました。逃亡は困難であり、連行された人々にとって「地獄島」でした。

戦後の1950年代後半、端島は5200人を超える人口になりましたが、1974年1月に閉山し、無人島になりました。端島の所有権は2002年に三菱から高島町（現長崎市）へと移りました。現在では建物の崩壊がすすんでいます。

2…戦時の強制労働についてわかりますか

●端島への朝鮮人連行1000人

端島へと連行された朝鮮人は端島の北端にある収容施設に入れられました。証言では、北方の労務者用建物、4階の建物、9階の建物の1階、病棟などに収容されています。端島への朝鮮人連行者の総数は1939年から45年にかけて1000人以上とみられます。

リンチを含む暴力によって入坑が強制されました。14歳の少年も連行され、坑内労働を強いられました。返却されなかった強制貯金があります。帰国できず死亡した人々もいました。夫の死によって、残された家族は離散・貧困・夭逝などの苦しみを体験しました。故郷への送金がおこなわれていない、死亡連絡がない、遺骨が返っていないケースもありました。下請飯場に

端島坑鳥瞰図 1938年頃

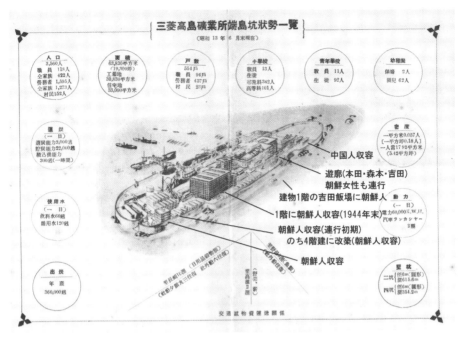

「三菱高島礦業所端島坑状勢一覧」(1938年)に朝鮮人・中国人関係施設を加筆

朝鮮人収容合宿所66号(左)・67号(右)端島北部

「死亡記録を通して見た端島炭鉱強制動員朝鮮人死亡者の被害実態に関する基礎調査」

5 端島炭鉱 ●101

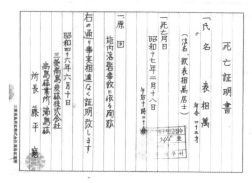

1942年2月18日端島で落盤死した表相萬の死亡証明書(「強制動員寄贈資料集」)

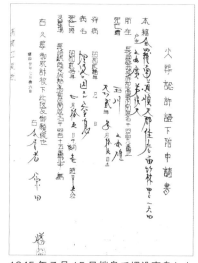

1945年7月15日端島で埋没窒息した趙再燮の火葬認許証下附申請書(「戦時外国人強制連行関係史料集」)

朝鮮人の吉田飯場があり、危険な切羽での仕事を請負っていました。強められる統制と増産のなかで朝鮮人の死者数が増加しました。大量の労働者動員のなかで、端島では1944年から報国寮(65号)の建設がはじまりました。

　1939～45年の強制連行期に、端島に動員された朝鮮人の死亡状況については、高浜村「火葬認許証下附申請」書類から、48人分がわかります。死因は、胸部外傷、埋没窒息、頭蓋骨骨折、圧死、溺死、病死、戦災火傷死などです。1937年6月のことですが、端島で酌婦にされた朝鮮人女性がクレゾールを服毒して自殺しました(「火葬認許証下附申請」)。亡くなった女性は1919年生まれの18歳でした。

◉端島・中国人強制連行

　中国人は1944年6月に端島に204人が連行され、死亡数は15人です。端島への中国人連行については「華人労務者調査報告書」があり、そこには、連行者名簿、死亡者名簿、災害現場地図、死体検案書等などが入っています。中国人は三菱重工長崎造船所へと連行される予定の集団でしたが、三菱高島炭鉱に配置されることになり、それに伴い、朝鮮人が高島炭鉱から長崎造船所へと転送されました。

　1944年8月、坑内ガスにより2人の中国人が死亡しました。それを契機に100

中国人収容所跡（端島南部・30号労働者社宅南側）

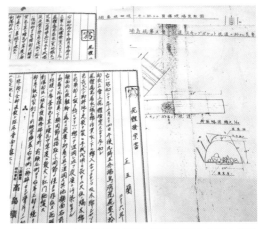

三菱端島の災害現場見取り図と死体検案書（「華人労務者調査報告書」）

人の中国人が交替時に入坑を拒否しました。最後まで抵抗した李慶雲さんらは留置され、拷問されました。連行され、端島で日本人を殴打して死亡させた中国人は検挙され、長崎の刑務所で獄死しました。

「端島坑第五磐下坑道スキップポケット坑道ニ於ケル災害現場見取図（第二竪坑底ヨリ1300ｍノ位置）」には、落盤による中国人の被災状況が細かく記されています（「華人労務者調査報告書」）。

3…体験者の証言がありますか

●端島・朝鮮人証言

端島に連行され、労働を強制された朝鮮人の証言は20人以上収集されています。主な証言をみてみましょう。

金先玉さんは忠清北道槐山郡出身です。1942年に約40人の集団のひとりとされ、端島へ連行されました。最初の2年は採炭、後の2年は運搬や枕木の作業をさせられました。足を縫うけがをし、背骨が変形しました。酸欠で死にかけたこともありました。病院の近くの9階建ての建物の近くに建物が4棟あり、そこに

5　端島炭鉱　●103

徐正雨さん(「追悼徐正雨さんその誇り高き人生」)

入れられました。8畳ほどの部屋に朝鮮人6〜7人が詰め込まれました。食事は豆かすやイワシであり、次第に減らされ、体が動かなくなりました。原爆投下後には片付けに行くといわれ、市内に入れられました(『軍艦島に耳を澄ませば』)。

徐正雨(ソジョンウ)さんは1943年に慶尚南道の宜寧(ウィニョン)郡から連行されました。当時、14歳でした。連行された人々は端島の端の2階と4階の建物に収容されました。人々は、腕立て伏せの体罰やケーブル線による殴打などの暴力的脅迫によって入坑させられました。高い堤防から海をみつめ、投身自殺を考えました。逃亡者も出ました。その後、三菱長崎造船所へと転送され、被爆しました(『もう戦争はいらんとよ』、『追悼徐正雨さんその誇り高き人生』)。

尹椿基(ユンチュンギ)さんは1943年に全羅北道金堤(クムジェ)郡から端島へと連行されました。17歳でした。金堤郡からは200人が連行され、釜山で計600人となりました。そのうち100人が長崎へ送られ、50人が端島へ連行されました。朝鮮人は病棟横の建物に入れられ、尹さんは一番下の階の部屋にいれられました。賃金の3分の1は強制貯金され、3分の1は故郷への送金とされましたが、帰国してみると送金されていませんでした。食事はさつまいもや外米飯と汁、イモをのぞくと飯はスプーン3杯程度。1日3交替で働かされ、低い天床の下での仕事でした。3人1組となり、1日のノルマはトロッコ10台以上とされました。同じ村の李は餓死し、それを知らせる手紙を書くと端島の派出所に拘束されました。同じ村の金は往復す

崔璋燮さん(民族問題研究所)

る船に乗り込んで脱出しました。帰国の際に50円の支給をうけました。人々はお金を出しあって闇船を買い、馬山の港に着くことができました(『百萬人の身世打鈴』)。

崔璋燮(チェジャンソプ)さん(1928年生まれ)は、1943年、全羅北道で青年訓練の最中に、益山(イクサン)の郡庁に連れていかれました。当時は14歳の少年でしたが、人数を満たすために駆り集められました。益山から端島に連

行され、９階の建物の地下１階に入れられました。原田隊の第２中隊第２小隊に属し、6105番とされ、採炭現場での労働を強いられました。逃走して捕まった者は、ゴムのチューブで皮膚が剥げるほど叩かれ、拷問されました。原爆投下後に清掃のために長崎に行かされました。小さな船に乗り、11月、馬山に着くことができました。崔さんは「まさに収容所のような場所」「人間の地獄がここだなあと思った」と回想しています（『軍艦島に耳を澄ませば』）。

朴準球さんは1944年、全羅南道順天郡の松光面に集められ、麗水から長崎を経て、端島に連行されました。貧しいものたちが徴用されました。端島では９階建ての一番下に入れられました。島から出ることは許されません。端島では地下１キロほどに降り、ガスの臭いで息苦しいなか、坑を掘りすすみ、丸太の柱で支える労働を強いられました。熱い塩水が落ちてきて、皮膚が炎症をおこし、はがれるなどの苦しい労働でした。足が無ければ故郷に帰してくれるのではと、足をトロッコの線路で切ってしまいたいと思いました。解放後、小さな木造船を借りて馬山に帰ることができました（『軍艦島に耳を澄ませば』）。

姜道時さんは慶尚南道の昌原郡出身、1940年12月にサハリンの三菱塔路炭鉱へと連行されました。２年後に家族を呼び寄せますが、1944年９月、単身で端島へと転送されました。そのころ端島には、朝鮮人寮に300人、吉田飯場と家族持ちが200人の計500人がいました。担当した切羽の炭層は薄く、ガスが多くて地熱が高い場所でした。海水が天床から雨のように落ち、皮膚が黒く焼けました。労務係は朝鮮人を座らせ、皮バンドなどでアイゴーアイゴーと泣く人間を殴打し、意識を失うと海水を頭からあびせ、地下室におしこみました。解放後の８月23日、吉田飯場の朝鮮人が万歳を叫び、端島の商店街を歩きました。サハリンの家族とは離散したままでした（『死者への手紙』）。

サハリンから端島に連行された朝鮮人の証言には、文甲鎮・黄義学さんの証言もあります（『酷い別離』、『原爆と朝鮮人7』）。

◉端島・中国人証言

連行された中国人の証言をみてみましょう。

5　端島炭鉱 ●105

李慶雲さん 2007 年 3 月（追悼碑建立委員会）

李之昌

李慶雲

呂宝太

劉江青

端島・中国人連行者（「二戦擄日中国労工口述史 2」）

李慶雲さんは河北省出身です。1942 年に八路軍に入り、1943 年 11 月に日本軍に包囲され、捕まりました。日本軍は村を襲撃し、家の物を奪い、焼きました。拷問を受け、何度も気絶しました。監獄から塘沽収容所に送られ、そこから端島に連行されました。収容されたのは粗末な木造家屋であり、一部屋に 4～50 人が詰め込まれました。休日はなく、12 時間の 2 交替でしたが、大出炭日はさらに延長されました。坑内では、ときには褌ひとつ、裸で働かされました。空腹のため、めまいがして、石炭を積む作業が遅れたことがありましたが、監督は棒で頭を後ろから殴りました。病気でも休むことはできません。身体の安全は保障されません。食料は混合粉で、小さな椀に一杯ずつでした。病気になっても治療はなく、食事が減らされました。2 人がガス漏れで亡くなった時、7 人で炭鉱長との交渉を要求し、労働を拒否しました。7 人は縛り上げられ、滅多打ちにされ、警察に連行されました。警官に首の後ろを切られました。帰国後は、対日協力者とみなされたため、肩身の狭い思いをしました（『軍艦島に耳を澄ませば』、『二戦擄日中国労工口述史 2』）。

李さんは三菱三島聯誼会〔端島・高島・崎戸〕の会長として訴訟に参加し、日本政府と三菱に対し、与えた被害に対して公道をもって接し、謝罪し、賠償する義務を果たせと訴えました。

2007 年 3 月、長崎地方裁判所は、強制連行・強制労働の事実とそれらが国や三菱などの共同

不法行為であることは認定しましたが、時効・除斥をもって謝罪や賠償の請求を却下しました。

連行された中国人は中国でも活動を強め、その結果、2016年に三菱マテリアルは、日本各地で中国人強制連行に関わったことを謝罪し、金額を示して和解をすすめました。

『二戦擄日中国労工口述史2』には、端島に連行された李慶雲、李之昌、王保安、杜四喜、呂宝太、劉江青、李杯卯、陳炳徳さんら8人の証言があります。多くが八路軍参加者です。証言からは、中国での収容所での虐待、端島への強制連行、強制労働の状態がわかります。

4…端島はいまどうなっていますか

●端島の現在

端島は1974年の閉山により、無人の島となり、コンクリート製のビルの崩壊がすすんでいます。崩れた建物の赤いレンガや材木・コンクリート、壊れた鉱山機械や生活用具、黒いボタが各所に散在しています。貯炭場近くにあるコンベアの支柱は赤茶色に変色し、墓標のようです。

軍艦島観光によって、端島の表桟橋から南方へと、軍艦でいえば先端部にあたる場所へと見学用通路が整備されましたが、すべての建物を歩いて見ることはできません。「明治日本の産業革命遺産」では1910年のものまでを遺産の対象とするため、明治期の石積の護岸と第2竪坑の跡などが遺産の対象です。端島全体が遺産とされたのではありません。

1945年ころまでの建物で現存するものをみてみましょう。

表桟橋近くには、地獄門と呼ばれた端島の入口の門が残っています。その門の奥には監視口があります。貯炭場や第2竪坑の施設は原型をとどめていません。中央部分の丘には端島神社があり、鳥居（1927年）が残っています。戦後に建

端島入口・「地獄門」

端島の擁壁（内海側中央）

精炭輸送用ベルトコンベア支柱

２坑近く・選炭用ドルシックナー

ボタ排出坑入口（内海側）

４坑付近（内海側北）

変電所付近（４坑近く）、左上が神社

昭和館跡（外海側）

端島神社の鳥居（1927年建立）

てられた慰霊碑もあります。麓には、職員社宅8号（1919年）、昭和館跡（1927年）、職員社宅14号（1941年）などがあります。病院（69号）や学校の建物は戦後のものです。

南方には1916年に建てられた7階建ての労働者社宅30号が残っています。1931年の職員社宅25号も残っています。

●端島・朝鮮人と中国人の収容跡

北方の、軍艦でいえば後方部分に、朝鮮人が収容された建物がありました。そ

報国寮（端島北部）

朝鮮人収容66号（端島北部）

5　端島炭鉱　●109

朝鮮人収容建物内部 66 号

朝鮮人収容建物地下 66 号

遊廓跡に建てられた社宅 31 号

病棟付近（端島北部）

端島の岸壁（北部）

のひとつが1940年の啓明寮（66号）です。啓明寮の北の67号、その北の病棟68号の建物がある場所にも朝鮮人が収容されました。その東方に9階建ての報国寮（65号）があります。建物は1945年に完成し、戦後に増築されています。

　労働者社宅である9階建の5棟がつながった建物（16〜20号）は、1918年に建てられたものです。連行がすすむと1階に朝鮮人が収容されました。

　南方の、軍艦でいえば先端部に、中国人が収容されていましたが、その建物は残っていません。現在の31号の労働者社宅の地点に

商店街がありました。そこには遊廓が3軒置かれ、「酌婦」とされ、連行された女性がいました。当時の建物は残っていません。労働者用住居の1階には朝鮮人の吉田飯場がありました。

●南越名海難者無縁仏之碑（長崎市南越）

　端島の対岸の野母崎の南古里には「南越名海難者無縁仏之碑」があります。ここに端島から逃亡して溺死したとみられる遺体が埋められました。1986年、市民団体の要請によって遺体確認のための発掘がおこなわれ、4体が確認されました。遺体は連行された朝鮮人の可能性が高いとみられます（『軍艦島に耳を澄ませば』）。

　野母半島から端島を展望することができます。野母崎には長崎市軍艦島資料館がありますが、南越名海難者無縁仏之碑はこの資料館から海岸沿いに長崎方面に10分ほど歩いたところにあります。

野母崎からみた端島

南越名海難者無縁仏之碑

[コラム]
❹
圧制ヤマでの強制労働

強制労働否定の動き

　高島炭鉱は「圧制ヤマ」のひとつでした。そこで強制的に労働させられた人にとって、高島炭鉱は「地獄島」、「監獄島」でした。高島炭鉱（高島・端島）の炭鉱遺跡が「明治日本の産業革命遺産」に組み込まれ、そこでの強制労働が問題になりました。

　2017年7月、韓国では映画「軍艦島」が上映されました。この映画は端島を舞台とし、強制労働を描いていますが、フィクションです。端島での強制労働が話題になるなか、「端島は地獄島ではない」と主張し、強制労働を否定する宣伝がなされるようになりました。

　産業遺産国民会議は政府官邸とともに「明治日本の産業革命遺産」の世界遺産への登録をすすめてきました。この団体は「軍艦島の真実」というウェブサイトを作成し、2017年10月、「世界遺産・軍艦島は地獄島ではありません」と訴える映像をアップしました。

　映像では、元端島住民が、日本人と朝鮮人は一緒に働いた、景気がよいため、家族連れで来た、端島には人情があり、人間味のある扱いであった、虐待した事はない、みんな友達で差別したことはない、仲よくしようなどと話しています。そこでは戦時中に強制連行され、ひどい虐待を受け、人権を蹂躙されたとする主張の多くは事実と異なり、強制連行や虐待はねつ造としています。

端島パンフレット

強制動員史料と被害者証言の重視を

これらの映像には、近代の高島炭鉱（高島・端島）での圧制や虐待の史料の提示はありません。戦時の高島炭鉱への労務動員数を示す史料や朝鮮や中国から動員された人びとの証言もありません。ここには、歴史を批判的にみて、被害者の側に立って考える、歴史から人権と平和についての教訓を得ようという姿勢がみえません。元端島住民の郷愁を利用し、端島の世界遺産登録にともなう観光地化にむけて、都合のよい物語が示されています。

問題は、地獄島であったか否かではありません。日本政府が策定した労務動員計画により、高島炭鉱（高島・端島）に4000人近い朝鮮人が「集団移入」の名で強制動員されました。中国からは400人ほどが連行されました。戦時には「内鮮一体」「鉱業報国」の名で労働が強制されたのです。当時、労働現場は軍事組織のようになり、労務担当による殴打は日常的でした。動員された人々にとって、端島は「仲の良いコミュニティ」ではなかったのです。採炭現場での労働者の共同性をもって、動員の強制性をうち消してはならないのです。

端島に強制動員された人びとの証言が複数あります。かれらが、海底深部で炭鉱労働を強制され、逃れることができない監獄、地獄のような場所だったと語っているのです。それを採用することなく、証言に難癖をつけ、「虐待した事はありません。どうぞ皆さん、仲よくしましょう」という元住民の発言を示しても、動員された人びとは納得できないでしょう。

端島は三菱の所有物でした。戦時下、三菱は端島に料理店（遊廓）を置くことを認め、坑夫の管理に利用しました。朝鮮人女性で「酌婦」とされ、なかには自死した女性もいました。石炭統制会は炭鉱用の遊廓を「労務慰安所」と記しています。動員された女性は性の奴隷のような状態であり、それを強いられた女性にとって端島は地獄のようなものでした。そのような女性の視点から端島の歴史をみることも大切です。

正義と平和の実現を

日本政府は世界遺産登録にあたり、朝鮮人などが「その意思に反して連れて来られ、厳しい環境の下で働かされた」と発言しています。高島炭鉱（高島・端島）もそのような現場のひとつでした。

産業遺産国民会議による「軍艦島の真実」のサイトでは、端島での強制労働を紹介する著作を批判し、中国人強制労働についても旧島民の証言を編集する形で

5　端島炭鉱　●113

否定しています。「端島は地獄島ではない」と宣伝し、中国人の強制労働もなかったというのです。

2016年6月の三菱マテリアルと中国人強制連行者の和解合意で、三菱マテリアルは三菱マテリアルの前身の三菱鉱業とその下請け会社が3765人の中国人を受け入れ、「劣悪な条件下で労働を強いた」こと、そこで722人が亡くなったことなどを認めました。そして当時の使用者としての歴史的責任を認め、「深甚なる謝罪」と「深甚なる哀悼」の意を表しました。ここには、高島・端島に連行された409人の中国人も含まれています。

すでに三菱マテリアルは中国人に対して「劣悪な条件下で労働を強いた」こと、すなわち強制労働を認め、謝罪と哀悼の意を表しているのです。

端島坑には強制労働はなかった、「仲の良いコミュニティ」であった、監獄島・地獄島ではなかったと宣伝することは無理です。「強制労働はなかった」と宣伝することは、歴史の真実の否定であり、被害者や関係者の心を苦しめるものです。被害者の声を受けとめ、企業として歴史的責任をとろうとする活動にも反するものです。

長崎市が編纂した『新長崎市史3 近代編』（2014年）では、高島炭鉱が日本近代史での「苦難の歴史」・「負の遺産」を示す社会教育の場であると指摘しています。明治以来、甘い言葉で炭鉱に連れてきて、暴力で働かせ、多くの死者が出たこと、戦争中は朝鮮半島、中国からも連れてきて同じことがなされたと記し、連行された朝鮮人、中国人の証言についても紹介しています。

「明治日本の産業革命遺産」の説明に際し、このような視点で日本政府をはじめ、長崎市や現地のガイドが対応することが求められます。強制労働は真実です。

産業遺産国民会議は、「事実と真摯に向き合うことが、真実の追求への第一歩」、「ねじ曲げられた歴史の宣伝に私たちが屈することはありません」と記しています。産業遺産国民会議は戦時の強制労働という真実に向き合い、動員された人びとの声に耳を傾け、端島での圧制の歴史について示すべきでしょう。

戦争の歴史を批判的にとらえ、加害の歴史を明らかにすることは「反日」でも、「自虐」でもありません。それは人間の尊厳回復のための作業であり、人間が大切にされる社会をつくるための活動です。正義と平和の実現にむけての前向きな活動なのです。

表5　高島炭鉱主要事故

年月日	炭鉱名	事故内容	死者	重傷	軽傷	計
1873.5.16	高島	出水	6	負傷あり		
1875.12.4	高島二坑	ガス爆発	40		30	70
1877.10.	高島	コレラ	1049			
1880.4.4	高島	ガス爆発	47	47		94
1883.4.1	高島	爆発	数百			
1884.1.5	高島一坑	坑内火災	数十			
1884.7.	高島	脚気	800			
1884.9.17	高島	暴風流死	4			4
1885.—	高島	コレラ 561 人他	844			844
1886.4.24	高島	ロープ切断墜落	5			5
1886.—	高島	痘瘡年末から 4 月	99			99
1887.8.12	端島	坑内出水	32	多数		
1902.2.20	高島	ガス爆発	8	2	6	16
1905.10.28	端島	ガス爆発	9			
1906.3.28	高島蛎瀬	ガス炭塵爆発	307			307
1908.11.2	高島	竪坑急降下衝突	1	11		12
1911.5.7	端島	落盤	3			3
1911.6.24	高島二子	発破事故	1	2	3	6
1913.8.10	端島	炭車事故	4	3		7
1914.12.12	高島二子	暴風雨溺死	28			28
1916.1.27	端島	ガス爆発	3	3	3	9
1916.7.16	高島	坑内火災	3			3
1916.8.13	高島	コレラ	29			113
1918.5.28	高島二子	ガス爆発	2	9		11
1919.1.15	端島	落盤	2			2
1919.1.25	高島二子	炭車事故	2			2
1919.2.27	高島蛎瀬	ケージ事故	2			2
1920.12.7	高島	炭車事故	3			3
1921.2.17	高島二子	落盤	2			2
1923.9.16	端島	落盤	2		1	3
1927.5.24	端島	落盤	2			2
1929.1.5	端島	坑内出水	9			9
1929.6.28	端島	落盤	2			2
1930.4.14	高島	落盤	2			2
1931.3.8	端島	竪坑墜落	1	3	2	6
1932.3.16	高島二子	ガス炭塵爆発	12	21		33
1933.5.22	端島	落盤	3	1		4
1935.3.26	端島	ガス爆発	25	10		35
1936.5.6	高島	炭車事故	1	2		3
1936.6.23	高島	落盤	4			4
1943.10.28	高島二子	ガス炭塵爆発	49	9	12	70

1944.7.12	端島	ガス突出	5			5
1951.11.4	端島	ガス突出	5			5
1952.12.7	端島	落盤	2	2		4
1955.4.11	高島二子	落盤	5			5
1955.5.29	端島	落盤	3	1		4
1956.5.15	端島	ガス突出	3			3
1956.8.23	高島	台風・赤痢拡大				147
1962.6.19	高島二子	ガス爆発		12		12
1964.8.17	端島	ガス爆発	1	14	8	23
1966.11.2	高島	落盤	3	1		4
1975.11.11	高島	ガス爆発	2	22	3	27
1977.8.24	高島	落盤	3	7		10
1985.4.24	高島	ガス爆発	11	3	1	15

『筑豊石炭礦業史年表』、『炭坑誌』、『鉱山保安年報』などから作成。病気・災害も入れた。これ以外にも多くの落盤、火災、ガス事故などがあった。

6 ┃ 三池炭鉱

1…三池炭鉱はどのようにしてできたのですか

●三井の石炭化学コンビナート形成

　三池で石炭が発見されたのは15世紀です。近代化のなかで日本政府は1873年に三池炭鉱の経営を始め、1883年に七浦坑、1887年には宮浦坑で採掘を始めました。三池炭山創業碑（1916年）には官営期の歴史が記されています。

　三井による三池炭鉱の開発は1889年から始まりました。三井は勝立坑を整備し、日清戦争後の1898年に宮原坑、1902年に万田坑で採掘をはじめました。日ロ戦争後の1905年に万田・四山間の三池専用鉄道が開通し、1908年には三池港が開港されるなど、輸送の近代化がすすみました。さらに第1次世界戦争後の1923年に四山坑での採掘をはじめ、日中戦争がはじまると1940年に三川坑での採掘をはじめました。戦争とともに経営規模が拡大されたのです。三井三池炭鉱は日本で最大の炭鉱になりました。

　三井三池炭鉱からの石炭を源にして大牟田地域に石炭化学コンビナートができました。工場地帯では、コークス・コールタール・硫安・硫酸・ピッチ・ナフタリン・ベンゾール・合成染料・カーバイド・人造石油・医薬品などが製造されました。また、亜鉛が製錬され、毒ガス原料も生産されました。この炭鉱と工場群は日本の戦争経済を支えるものになりました。

　三井三池炭鉱の石炭は、1908年に三池港ができるまでは、島原半島南端の口之津港から、三井物産によって国内外に搬出されました。三井物産の請負人に

6　三池炭鉱　●117

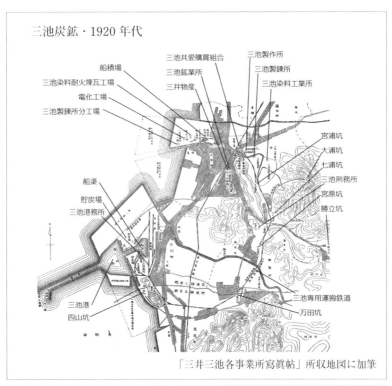

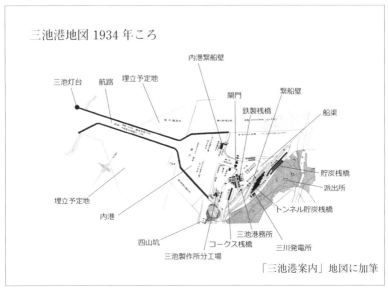

三池坑内労働（絵葉書）

四山坑捲揚櫓（「三井三池各事業所寫眞帖」）

四山坑（「三井三池各事業所寫眞帖」）

四山坑繰込場（「三井三池各事業所寫眞帖」）

宮浦坑（「三井三池各事業所寫眞帖」）

宮浦坑（「三井三池各事業所寫眞帖」）

万田坑（絵葉書）

三池坑内（「三井三池各事業所寫眞帖」）

三池坑内（「三井三池各事業所寫眞帖」）

三池坑内（「三井三池各事業所寫眞帖」）

三池製作所（「三井三池各事業所寫眞帖」）

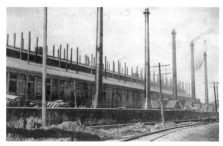
三池亜鉛製錬所（絵葉書）

三池染料工業所（「三井三池各事業所寫眞帖」）

三池港閘門（絵葉書）

よって、口之津での港湾労働に朝鮮人を集めるために、1898年には密航計画もたてられたといいます。1899年には口之津へと与論島からの移住がすすめられました。与論島から移住した頃には500人ほどの朝鮮人が荷役で労働していたといいます（『与論島を出た民の歴史』）。

2…受刑者の強制労働についてわかりますか

●受刑者の強制労働

　三池炭鉱での受刑者の強制労働は1873年の石炭運搬からはじまります。受刑者による採掘もおこなわれました。大浦坑では一般坑夫とともに福岡、長崎、熊本の受刑者を使っていました。1883年、大浦坑で暴動がおきました。受刑者が、待遇改善を求め、詰所を破壊して帳簿に放火しました。煙が坑内に充満し、炭鉱側は一般坑夫と受刑者を残したまま、坑口を封鎖しました。

　この1883年、三池炭鉱での労働のために三池集治監がおかれました。三池集治監の壁が上官町の三池工業高校に残っています。監獄は非衛生的であり、粗食でした。宮原坑では三池集治監の受刑者が数多く使用されました。宮原坑は「シラコ」（修羅坑）と呼ばれましたが、それは血みどろの労働現場という意味です。強制労働のなか、多くの受刑者が炭鉱事故や病気で生命を失いました。

七浦坑(「三井三池各事業所寫眞帖」)

勝立坑(「三井三池各事業所寫眞帖」)

大浦坑(「三井三池各事業所寫眞帖」)

宮原坑(「三井三池各事業所寫眞帖」)

受刑者の強制労働現場・宮原坑

三池集治監の壁

●受刑者強制労働の死亡 2400 人以上

　勝立町の解脱塔(1888 年)は受刑者の墓地のひとつです。明治期には、解脱塔近くの古井戸に死者が投げ込まれました。その後、解脱塔周辺に死者が埋葬されましたが、1920 年頃、三井鉱山が大砂社宅を建設したときに遺骨が掘り出されました。それらの遺骨を埋めるために新たに竪穴が掘られました。その竪穴の上には地蔵がおかれています。1996 年末、三池集治監の墓地跡地の公園化工事で新たに 70 体余りの遺骨が発見され、1997 年、解脱塔の横に合葬之碑が建てられました。

　受刑者の関係の遺跡には、解脱塔のほかに、一ノ浦町の「囚人墓地」、龍湖瀬町の順照寺の合葬之碑(1889 年)などがあります。

　三池炭鉱での受刑者による労働は 1931 年まで続けられ、死亡者数は 2400 人を超えたといいます。解脱塔、合葬之碑、墓地なども産業革命の遺跡です。

　1995 年当時、高校生だった中川雅子さんは受刑者や強制連行の跡を歩き、『見知らぬわが町 1995 真夏の廃坑』にまとめています。

　そこで中川さんは、私はもっともっと過去の事実を知りたい。そしてできるものならば、すべての囚人たちの骨を見つけて、墓標を建ててあげたい。わが町のあちこちには、強制労働に駆り出された人々の無数の死体が埋まっている。私たちはそ知らぬ顔で過去に何もなかったかのように暮らしているが、実は死体の上

解脱塔（勝立町）

合葬之碑（勝立町・解脱塔横）

合葬之碑の碑文

合葬之碑（竜湖瀬町・順照寺）

で生活しているのかもしれない。私はそのことをいつも心に留めて生きていこうと思うと記しています。

同感です。その気持ちに学びたいと思います。

3…戦前、三池に労働運動はあったのですか

◉三池1924年争議

20世紀に入ると、三池炭鉱では受刑者から一般の労働者が増加しました。1907年2月には万田、宮浦、七浦、勝立の4つの坑の労働者が賃上げを要求して行進しています。第1次世界大戦を経て、労働者の権利意識もいっそう高まりました。1918年の米騒動の際、三池炭鉱の労働者は賃上げを求めて起ちあがりました。万田坑を中心に争議となりましたが、軍隊が出動し、弾圧されました。1920年に三井資本は労資協調のために共愛組合をつくり、労働者の懐柔をねらいました。

1924年6月、三池炭鉱では再び労働者が争議を起こしました。労働者は、三池製作所、三池染料、四山坑、万田坑、宮浦坑、製煉所、港務所、大浦坑とつぎつぎに争議団をつくって起ちあがりました。争議団は、賃金の3割昇給と50銭の増給、退職手当1年につき30日分支給、共愛組合の撤廃、公傷者への給与支給、障がい・死亡手当の支給などを要求したのです。

当時、三池には1万9000人の労働者がいましたが、6800人が争議に参加しました。当時、三井の石炭化学による毒煙、悪水などの環境汚染も問題になっていました。この争議を三井資本は切り崩しました。

以後、三井は、労働者の思想調査、精神教育、身分格差の拡大などをすすめ、労働者への支配を強めました。戦時体制が強まった1940年、三井鉱山産業報国会が結成され、共愛組合は解散しました。戦時の産業報国会の結成は労資協調から労資一体にむかう動きを示すものです。このようななかで朝鮮人の強制連行が

すすめられたのです。さらに、中国人や連合軍捕虜も連行されました。三池炭鉱の出炭量は年400万トンほどになりました。

4…戦時の強制労働についてわかりますか

●三池・朝鮮人連行9200人以上

三池炭鉱への朝鮮人強制連行数については、厚生省勤労局の「朝鮮人労務者に関する調査」の福岡県分の集計表に、1940年に93人、41年に96人、42年に1834人、43年に2889人、44年に2466人、45年に1886人の計9264人の三池への連行を示す記事があります。

厚生省勤労局報告書の福岡県分の名簿には、三井三池炭鉱万田坑の連行者名簿があります。この名簿からは、官斡旋や徴用で、1942年に306人、43年に605人、44年に659人、45年に113人の計1683人が連行されたことがわかります。このうち、逃亡が762人、死亡が35人、送還・帰国が84人、解放後の解雇が706人です。自由募集分を入れれば1756人分の動向がわかります。また、連合国軍

表6-1　三井三池炭鉱・朝鮮人連行

年	連行数	万田坑分
1939		
1940	93	
1941	96	2
1942	1834	329
1943	2889	647
1944	2466	665
1945	1886	113
計	9264	1756

厚生省勤労局調査・福岡県分統計から作成。万田坑分は名簿掲載数、自由募集を含む。統計では1759人と記載。

表6-2　三井三池炭鉱・朝鮮人連行1943年

月	人数	道
4	1157	京畿557、黄海600
5	220	京畿
8	359	京畿
9	695	京畿
11	239	江原78、忠北105、京畿56
12	68	京畿
計	2738	

石炭統制会労務部京城事務所「半島人労務者供出状況調」から作成、1943年4月には1100人を超える大動員がなされた。

6　三池炭鉱　●125

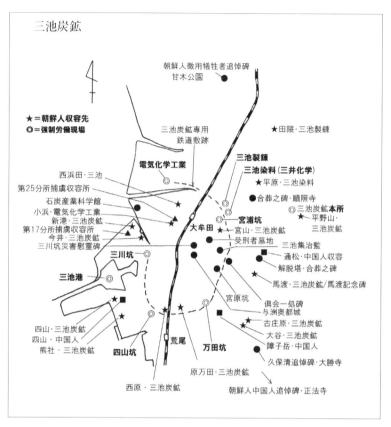

万田坑朝鮮人連行者数
（厚生省勤労局調査）

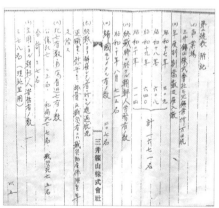

万田坑連行朝鮮人状況（厚生省勤労局調査）

総司令部・法務局（GHQ・LS）の文書「大牟田・三井鉱山労働者名簿」（List of Employees at Mitsui Mining Company At Omuta）には、三池炭鉱の朝鮮人約3000人分の名簿があります。

　朝鮮人は、三井関連の電気化学工業大牟田工場、三池染料工業所、東洋高圧大牟田工業所などにも連行されました。電気化学工業大牟田工場には1944年1月までに572人が連行されました（福岡県「労務動員計画ニ拠ル移入労務者事業場別調査表」）。三池染料工業所については130人ほどの連行者名簿が残っています。

　これらの資料から、三井三池炭鉱への連行者数は約9300人、三井の石炭コンビナート関連の工場労働や港湾労働への連行数を入れれば、三井三池関連で1万人を超える連行があったといえます。そのうち、朝鮮人の死亡判明数は、三井三池炭鉱で50人、電気化学工業で4人、三池染料で8人です。

三川坑に連行された朝鮮人・第1清明寮水原隊（「散らばったあの日の記憶」）

三池から北海道轟鉱山に送られた朝鮮人の国民労務手帳（図録「国立日帝強制動員歴史館」）

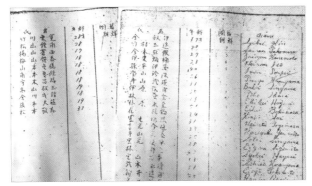

朝鮮人名簿（GHQ・LS「三井鉱山大牟田労働者名簿」）

6　三池炭鉱　●127

● 中国人約 2500 人連行

　中国人の連行状況をみてみましょう。三池炭鉱は日本で最も多くの中国人が連行された事業所です。死者数も最大です。

　外務省報告書では、万田坑には1944年5月に412人、1945年2月に595人、3月に593人、同月に307人の計1907人が連行されました。このうち四山坑へと1945年の2月から3月に、694人が転送されました。宮浦坑には1944年5月に231人、10月に343人の計574人が連行されました。連行された中国人は計2481人であり、2500人近かったのです。

　死者数をみれば、中国人殉難者名簿共同作成実行委員会が作成した名簿では、連行途中の船での死者も入れて、万田坑で294人、四山坑で158人、宮浦坑で41人の計493人としています。これ以外にも死者が存在したとみられています。

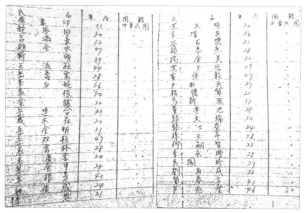

中国人名簿（GHQ・LS「三井鉱山大牟田労働者名簿」）

● 連合軍捕虜約 1900 人連行

　三池炭鉱には1870人以上の連合軍捕虜が連行されました。ここは日本で最も多くの連合軍捕虜が連行された場所でもあったのです。
　連合軍捕虜は1943年8月、新港町(しんこうまち)に開設された福岡俘虜収容所第17分所に収容され、三池炭鉱で強制労働させられました。敗戦時には1737人が収容されて

強制労働の記事がある万田坑パンフレット（荒尾市）　　三池の案内パンフレット

いました。国籍は、アメリカ730、オーストラリア420、オランダ332、イギリス250、ほか5人です。収容中の死亡は138人ですが、このうち1人は営倉内で餓死し、1人は逃亡により、刺殺されました。大牟田での捕虜の虐待は戦後、戦争犯罪とされ、収容所の所長ら4人が死刑判決を受け、東京の巣鴨で処刑されました。

三池関連では1944年9月に第25分所が開設され、電気化学工業大牟田工場で労働を強制しました。敗戦時の収容人数は390人であり、国籍は、イギリス388、アメリカ2です。収容中の死亡は4人でした。

荒尾市が作成した万田坑のパンフレット（日本語版・2017年収集）には、三池炭鉱の歴史の解説で、植民地朝鮮の人々や、中国の人々、連合軍捕虜などを強制労働させたと記しています。しかし、外国語版には記されていません。

5…体験者の証言がありますか

●三池・労務担当証言

連行をおこなった労務担当者の証言をみてみましょう。

6　三池炭鉱　●129

万田坑の労務係であった麓武秀さんは1943年11月7日から26日まで、朝鮮での連行に出かけました。9日に京城に到着すると、朝鮮総督府・石炭統制会・京畿道庁社会課・職業指導所三池事業所各係に「供出」を依頼しました。23日には80人が集められ、56人を合格させ、24日の朝に清涼里駅(チョンニャンニ)を出発し、26日に荒尾駅に到着しました。出張復命書が残されています(『与論島を出た民の歴史』)。
　宮浦坑の補導員だった坂本盟さんは1944年に朝鮮に行き、京畿道始興郡(シフン)の安養(アンヤン)駅付近から40人、仁川(インチョン)から50人を宮浦坑に連行しました。宮浦坑には第6協和寮まであったといいます(『兄弟よ安らかに眠れ「朝鮮人殉難」の真相』)。

● 三池・朝鮮人証言

　連行された朝鮮人の証言をみてみましょう。
　金東玉(キムドンオク)さんは1928年生まれ、1942年9月、14歳のときに忠清北道の槐山郡仏頂面(ホジョン)から連行され、金剛丸に乗せられて三池の三川坑に送られました。このとき槐山郡からは100人が連行されました。日本に行けば勉強ができると騙されての連行でした。就労年齢に達していなかったため、連行時に昭和3年生まれを大正13年生まれにされました。待遇は、はじめはよかったのですが、1943年に入るとひどくなりました。4～5メートルの柱を枕に10人が寝て、朝になると監督がその柱を叩きましたが、頭が割れるようでした。約束どおり学校に行かせてほしいというと青年学校に行かされたのですが、軍事の訓練ばかりでした。落盤事故で、内臓が破裂したり、手足がちぎれたり、頭が鉄板のように平たく割れている死体を見て怖くて耐えられなくなりました。日本語が話せたことから、事故をきっかけに同郷の人々に頼まれ、1943年12月、朝鮮人飯場の知り合いに頼んで、6～7人の同僚を逃がしました。そのため、逃がした同僚の行方を吐けと、竹刀で殴られ、半殺しの目にあいました。法律違反とされ、久留米少年錬成所に6か月間送り込まれ、その後、窒素のボイラー室の警備員とされました。7月の

金東玉さん(朝鮮人強制連行真相調査団)

空襲では多くの同胞が犠牲になり、死体を焼いた臭いと情景は忘れられません。勉強ができると誘われて連行されたのですが、「皇国臣民の魂」を叩き込まれました（『朝鮮人強制連行調査の記録 中部東海編』）。

李康元（リガンウォン）さんは1943年4月、戦闘服や脚絆に着替えさせられて、釜山から三池の四山坑に連行されました。収容された寮は有刺鉄線で囲まれていました。地下の奥深くで働かされ、死者が出ました。休むと寮の事務所に連れて行かれ、ムチなどで殴り続け、割竹の上に座らせて膝に重い石を載せるといった体罰もおこなわれました。「どうせ死ぬ。いずれ死ぬんだから、逃げなくちゃいけない」と逃走しました。宮崎・熊本・鹿児島と渡り歩き、8・15は飛行場の工事現場で迎えました（『故郷はるかに』）。

李鐘泌（リジョンビル）さんは忠清北道の槐山郡出身です。1943年11月、22歳のときに槐山郡から故郷の60人とともに、三池の四山坑に連行されました。竪坑を500メートルほど降りて採炭労働を強いられました。一日の最低ノルマは一箱2トンのトロッコ15箱分、賃金は1日70銭から1円でした。怪我や病気で休むと「勤労報国精神が足りない」と怒鳴られ、「欠勤食」にされて食事の量を3分の1にされました。1か月に20日以上仕事に出ないと労務が殴りました。逃亡防止のために賃金の30〜40％が強制貯金されました。日が経つにつれ逃亡者が増え、1945年2月頃には槐山からの連行者は4人になりました。残った者のノルマは1日20箱に増やされました。福岡ではB29の爆撃があり、日本の降伏も早い、こんなところで死ねないと考え、1945年の2月に残った4人で逃亡しました（『強制連行された朝鮮人の証言』）。

申鉉大（シンヒョンテ）さんは1924年に江原道麟蹄郡（インジェ）で生まれました。1942年7月、当時中学2年でしたが、北海道の太平洋炭鉱の春採（はるとり）炭鉱の募集がありました。学費のために新聞配達などをしていましたが、苦労が多く、日本に行った

李鐘泌さん（朝鮮人強制連行真相調査団）

申鉉大さん（春採・「写真でみる強制動員の話北海道編」）

6 三池炭鉱 ●131

ほうがいいと思いました。麟蹄郡からは70人ほどが動員されましたが、釧路に着くと、なぜここにきたのかと涙が出ました。協和寮に入れられたのですが、山の下のタコ部屋に収容され、いじめられていた朝鮮人を救うために、そこを襲撃する事件が起きました。坑内で機械を操作していた時、天井が崩れ、足を負傷しました。いまも足の調子がよくありません。1944年8月、三池炭鉱の四山坑に転送されました。三池炭鉱は地熱がとても熱く、下着だけで働くこともありました。空襲も激しくなり、食事の量も少なく、大変でした（『写真でみる強制動員の話 北海道編』）。

● 三池・中国人証言

連行された中国人の証言をみてみましょう。

2005年、三井三池炭鉱と三井田川炭鉱に連行された中国人が日本政府と三井鉱山に対して、謝罪と損害賠償を求めて福岡地方裁判所に提訴しました。三井三池の原告は、陳桂明（チェンダイミン）、劉千（リュチェン）、張五奎（チャンウクイ）、高国棟（ガオグオドン）、劉星祥（リュシンシャン）、葉永才（イエヨンツァイ）、楊大啓（ヤンタチ）、占勤（ジャンチン）、盧占龍（ルチャンロン）、馬徳水（マダシュイ）、杜宗仁（トゥゾンレン）さんら11人です。

陳桂明さんは1944年春、河北省徐水県（シュシュイ）の自宅で日本兵に捕えられ、駅から天津の塘沽収容所に送られました。その後、貨物船に乗せられ、三井三池炭鉱に連行されました。炭鉱では、坑内で坑道に石を積み上げて天井を支える仕事をさせられました。1945年3月ころ、天井板などが落下し、右手の人差し指を切断しました。休みもなく働かされ、空腹でした。絶望感から電気のコードで自殺しようとしましたが、仲間が止めました。帰郷してか

三井三池・田川炭鉱への連行中国人裁判の記録（『過ちを認め、償い、共に歩むアジアの歴史を』）

陳桂明さん（『過ちを認め、償い、共に歩むアジアの歴史を』）

劉千さん（「過ちを認め、償い、共に歩むアジアの歴史を」）

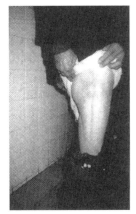
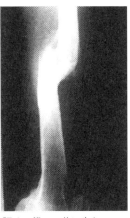

劉千さんの骨折部分（「過ちを認め、償い、共に歩むアジアの歴史を」）

らも仕事が見つからず、苦労しました（『過ちを認め、償い、共に歩むアジアの歴史を』）。

　劉千さんは1944年春、河北省淶水県（ライシュイ）で労働を命令され、貨車で塘沽の収容所に送られました。2か月後に船で三池炭鉱の宮浦坑に連行されました。収容所は板塀に囲まれ、見張りがいて、監視していました。褌ひとつで採炭をさせられました。労務監督は中国人を蔑称で呼び、「バカヤロ」、「スラ、スラ」（殺すぞ）と脅し、棍棒で殴りつけました。監督に右足を斧で叩かれ、右大腿骨を骨折しました。麻酔のないまま手術を受けました。骨は変形したまま結合し、帰国後も仕事ができず、つらい思いをしました。

　劉千さんは、原告として2001年9月に来日し、当時の状況を証言しました。裁判で示された変形して結合した骨のレントゲン写真は、三池炭鉱での暴力による強制労働の過酷な実態を示すものでした（『過ちを認め、償い、共に歩むアジアの歴史を』）。

　劉俊書（リュジュンシュ）さんは河北省雞沢県（ジゼ）の出身です。17歳で八路軍に参加し、1944年11月、日本軍の掃討によって捕えられ、拷問されました。邯鄲（ハンダン）を経て、塘沽に送られました。塘沽の収容所から船に乗せられましたが、毎日のように死者が出ました。日本人は死者を海に捨てました。門司から三池の万田坑に連行され、大隊・中隊・小隊に編成され、番号で呼ばれました。その後、四山坑に送られました。事故が

中国人の証言（「二戦擄日中国労工口述史 2」）

起き、死者もたくさん出ました。日本の敗戦は日本人の持っていた新聞で知りました。10 月、アメリカ軍の船で帰国できました（『二戦擄日中国労工口述史 2』）。

●三池・連合軍捕虜証言

連合軍捕虜の証言をみてみましょう。

アメリカ兵のレスター・テニーさんは、1942 年 4 月にフィリピンのバターンで捕虜になりました。収容所から逃走し、ゲリラに加わりましたが、捕えられ、拷問を受けました。バターン、カバナチュナンを経て、マニラから大牟

レスター・テニーさん（2010 年、東京）

レスター・テニー証言

134

田の収容所に送られました。三池炭鉱では1日12時間の強制労働をさせられました。時にはショベルやツルハシ、石炭運搬用の鉄鎖で殴打されるなどの虐待をうけました。奴隷のように虐待され、食事はまともに与えられず、医療も提供されないという悲惨な扱いでした（『バターン　遠い道のりのさきに』）。

ロイ・E・フリースさん
（2011年、東京）

ロイ・エドワード・フリースさんは、1942年5月にフィリピンのコレヒドールで捕虜となり、カバナツアン収容所に送られました。1943年7月、クライド丸で日本に送られ、三井三池炭鉱で労働を強制されました。173番と番号でよばれました。強制労働を逃れるために、仲間に自分の左指を砕かせた、懲罰房に3日間閉じ込められた、気を付け、右向け右の日本語は今も記憶していると語ります（「アメリカ元捕虜・家族との交流会」での証言）。

ハリー・コーレさん
（2011年、東京）

ハリー・コーレさんも1942年5月にコレヒドールで捕虜となり、三池に連行され、労働を強制されました。労働は10日間連続で、1日10時間から14時間であり、落盤やケガが多いものでした。落盤に2回巻き込まれて負傷し、坑外での労働になりました（「アメリカ元捕虜・家族との交流会」での証言）。

オランダ兵のポール・ダニエルさんはジャワ島で捕虜になり、1943年12月に福岡での飛行場工事に動員され、1944年12月に三池炭鉱に送られました。ポールさんは当時の状態について、辛かったのは拷問であり、口からホースで水を入れ、一杯になると、上から腹に飛び乗った。ある時は跪かされ、膝の後ろに竿を入れて正座させ、頭の上に水を入れたバケツを持たされたこともあった。日本人鉱夫の数人と自分達捕虜が数人のチームを組んでいたが、作業は辛かったと、家族に語っています。帰国しても、悪夢にうなされることが多く、大声で叫んだり、大汗をかいたりで、妻を驚かせたといいます（POW研究会「蘭元捕虜の家族と九州の捕虜収容所跡地を旅して」2017年）。

●連合軍捕虜・平和友好と相互理解

　連合軍捕虜については、日本政府が「平和友好交流計画」を立て、1995年から10年間、イギリス・オランダ・オーストラリアの元捕虜を招待してきました。しかし、アメリカの捕虜は除外されていました。2009年5月、日本の駐米大使が「全米バターン・コレヒドールの会」の最後の大会に出向き、謝罪の意を述べ、招待を検討するとしました。日本政府は「日米相互理解促進計画」を立て、予算をつけました。

　それにより、2010年9月、レスター・テニーさんや日鉄二瀬に連行されたドナルド・L・ヴァーソーら元アメリカ兵捕虜が来日しました。外相は捕虜への非人道的扱いに対して謝罪し、市民団体による「アメリカ元捕虜・家族との交流会」がもたれました。2011年には三池炭鉱に連行されたロイ・エドワード・フリースさんとハリー・コーレさんらが来日しました。政府が平和友好・相互理解を基調に交流計画を立て、強制労働問題の解決をすすめたのです。

　レスター・テニーさんは来日の際、つぎのように記しています。

　戦争犯罪を思い出させることが非生産的であると考える人びとに反対します。残虐行為に対し謝罪を求めることが、政治的な不都合をもたらすとする考えは、関係者を侮辱するものです。真の友情はつらい真実を認識することから生まれます。三井をはじめ捕虜に強制労働をさせた企業が謝罪し、追悼することを求めます。多くの苦難に耐えた人びとを偲び、認め、敬意を表すべきです。

アメリカ元捕虜・家族との捕虜交流会（2010年9月）

テニーさんは2017年に亡くなりました。

6…三池に遺跡や碑がありますか

●正法寺の中国人・朝鮮人追悼供養塔

荒尾市樺上の正法寺に中国人・朝鮮人を追悼する供養塔があります。朝鮮人を追悼する碑は「不二之塔」といい、過酷な労働・差別待遇のなかでの死に哀悼の意を示し、南北統一への想いを記しています。中国人を追悼する碑は「中国人殉難者慰霊碑」であり、殉難への哀悼の意と平和と共存共栄、国交回復と国際親善などへの想いを示すものです。これら2つの碑は1972年に建てられました。

朝鮮人・中国人追悼碑、正法寺

●三井三池・馬渡記念碑

大牟田市の馬渡第一公園には、朝鮮人強制連行を記す碑があります。大牟

馬渡碑

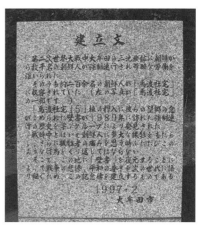

馬渡碑の碑文

6　三池炭鉱　●137

馬渡朝鮮人収容所の壁書

田市が1997年に作成した碑文には、三池炭鉱に数千名の朝鮮人が強制連行され、過酷な労働を強いられたと刻まれています。馬渡の碑には、朝鮮人を収容した馬渡社宅の51棟の押し入れに書き残された文字が復元されています。押し入れには、壹心壹徳自力更生、中山海鳳　平生壹心　正元慶力、朝鮮京畿道長湍郡、高陽郡、驪州郡などの文字がありました。「壹心壹徳自力更生」とは、「心をひとつに徳をあわせ、自力で生きぬこう」という意味と考えられます。三井はこの社宅を1994年に破壊しました。

壁書は切りとられ、現在、大牟田市の石炭産業科学館にあります。石炭産業科学館には、馬渡社宅51棟の復元模型が展示され、その解説には、馬渡社宅が「朝鮮から強制連行され、三池炭鉱で働かされた人たちの宿舎」と記されています。

朝鮮人の収容所は、馬渡、四山、新港、田隈、平野山、宮山(みややま)、今井、西浜田、万田など各地にありました。

●甘木公園の徴用犠牲者慰霊碑

大牟田市の甘木(あまぎ)公園には、徴用犠牲者慰霊碑があります。この碑は解放50年

韓国人徴用犠牲者追悼碑

韓国人追悼碑の碑文

138

にあたる1995年3月に在日コリア大牟田の人々によって建てられたものです。大牟田市、三井三池鉱業所、三井東圧化学、電気化学工業なども協力しています。

碑には、朝鮮半島から徴用され過酷な労働によって不帰となった人々を追悼することが、日本語と韓国語で記されています。馬渡の朝鮮人収容所後に残されていた落書きを刻んだ碑も置かれています。

1974年の朝鮮人強制連行真相調査団の調査では、円福寺に三井三池関連の51体分の位牌が残されていました。

●小岱山の三井三池炭鉱中国人殉難者慰霊塔

荒尾市の小岱山(しょうだいさん)の麓には、日中不戦の森があり、そこに三井三池炭鉱中国人殉難者慰霊塔があります。この追悼碑は1983年12月に建てられたものです。追悼塔の裏には強制連行と労働現場での虐待、拷問、事故などによって564人が死亡したこと、その加害への反省、追悼と永久不戦への誓いが記されています。

この碑は、連行された中国人の悲惨な状態をみた元炭鉱労働者の深浦隆二さんが「慰霊なしでは真の友好はない」という思いで建てたものです。

●三井三池炭鉱宮浦坑中国人殉難者慰霊碑

大牟田市の宮浦石炭記念公園の一角に、2013年7月、三井三池炭鉱宮浦坑中国人殉難者慰霊碑が建てられ、8月に除幕式と追悼式がおこなわれました。この碑は日本中国友好協会福岡県連合会などが建てました。碑文は日本語と中国語で記されています。そこには、万田坑、四山坑、宮浦坑などに2481人の中国人が連行され、635人が命を奪われた、宮浦坑には574人が連行され、強制労働により44人が亡くなったと記されています。

万田第2竪坑と捲揚機の建物は現存していま

宮浦坑中国人追悼碑（日中友好協会大牟田支部）

6 三池炭鉱 ●139

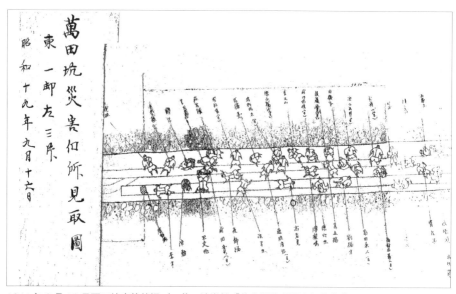

1944年9月16日万田坑事故状況（三井三池炭鉱「華人労務者調査報告書」）

す。これらは1908年に完成したものです。この万田坑では1944年9月16日に坑内で火災事故が起き、三井鉱山は坑道を封鎖して対応しました。そこで連行された中国人37人が亡くなりました。戦後の万田坑の中国人の調査報告書には事故の状況を示す図面があります。

● 与洲奥都城・与論島移民史

与論島は奄美大島の南方、沖縄本島近くにある島で、鹿児島県に属しています。大牟田市昭和町の延命公園に与洲奥都城があります。与洲奥都城は与論島から三池炭鉱に移民した人びととその子孫の共同納骨堂です。

1899年、三井物産による港湾労働者の募集により、与論島から長崎県の口之津へと240人ほどが集団移住しました。その後、家族を含めると計1200人ほどが移住し、1908年に三池港ができると、1910年に三池の新港町に集団移住しました。与論島移民は三池港で石炭積込の労働を低賃金で強いられました。三井倶楽部の北側には与論島移住者の子どもが学んだ三川分教場ができました。

与洲奥都城

港での荷役労働(「三井三池各事業所寫眞帖」)

　三池港は与論島出身者の労働の歴史をも示すものです。与洲奥都城の近くには三池移住記念碑(1961年)もあります。

◉大牟田市庁舎の監視哨と高射機関砲台座

　大牟田市は三池炭鉱によって石炭化学工業の町となり、米軍の空襲を受けました。大牟田駅の東方にある大牟田市庁舎は1936年の建築物です。その庁舎の屋上には空襲を見張る監視哨と高射機関砲の台座が残っています。宮浦公園の丘陵の北端には、5つの高射砲の陣地の跡があります。

　大牟田市の南部、藤田町の天満神社には、藤田町被爆戦没者之碑があります。1945年8月7日の大牟田空襲の際、B24爆撃機が被弾して空中分解し、爆弾が散乱しました。住民の死者は90人、動員学徒2人、道路工事の朝鮮人が数人とみられています。天満神社の西方の毘沙門堂には爆撃で上半身を失った被爆狛犬があります。

　米軍空襲による大牟田市の死傷者は3000人ほどとみられます。

◉大牟田「爆発赤痢」慰霊碑

　大牟田市の笹林公園の三池炭山創業碑の近くに慰霊碑(1939年)があります。

これは1937年の大牟田での「悪疫」の死者を追悼するものです。1937年9月、毒ガス製造に関与していた三井三池染料工業所で2度の爆発事故が起き、同時期、工業所周辺で高熱、おう吐、痙攣の症状があらわれました。患者数は1万2000人を超え、712人が死亡しました。大牟田爆発赤痢事件と呼ばれています。

原因は水道水への赤痢菌の混入とされましたが、それは謀略であり、三井三池染料での毒ガス爆弾製造が原因とする説があります。

● 1960年三池争議・久保清君殉難乃碑

三池争議とは、1959年末の三井鉱山による1300人ほどの指名解雇に対し、三池炭鉱労働組合が1960年にかけて、無期限ストライキで抵抗したものです。財界は三井鉱山を、日本労働組合総評議会は三池労組を支援しました。1960年3月、三池労組は分裂を強いられ、第2組合員がストライキから離脱しました。三池労組は貯炭場のホッパーを占拠して抵抗を続けましたが、同年11月、ストライキを止めざるを得ませんでした。三池争議のなかで作られた闘争歌に「がんばろう」があります。

「同志久保清に捧ぐ」・荒尾市大勝寺

荒尾市大勝寺には「久保清君殉

三川坑・久保清殺傷事件 1960年3月29日 (「みいけ20年」)

中国撫順炭礦・炭鉱労働者の連帯行動 1960年5月12日 (「みいけ20年」)

難乃碑」があります。この碑は三池争議の際に殺された労働者の追悼碑です。久保清さんは争議の際、四山坑の正門前で三池労組の一員として就労阻止のピケを張っていましたが、1960年3月29日、暴力団に襲われ、刺殺されました。碑には、国内外の全ての働く仲間が死を悼み、その志を受け継ぎ、働く者の真の解放までどんなに辛くても闘い抜くという決意が記されています。

その碑の横に「同志久保清に捧ぐ」という詩が刻まれています。その詩には、「やがてくる日に　歴史が正しく書かれる　やがてくる日に　私たちは正しい道を進んだといわれよう　私たちは美しく生きたといわれよう」、「日本のはたらく者が怒りにもえ　たくさんの血が　三池に流されたといわれよう」などと記されています。

●三川坑大災害殉職者慰霊碑

1963年11月9日、三川坑の第1斜口坑口から約500メートル先で炭塵爆発事故が起きました。坑内には約1200人の労働者がいました。このうち、458人が亡くなり、800人ほどが一酸化炭素（CO）中毒患者になりました。死者のうち、爆死は20人、それ以外は一酸化炭素中毒死とされます。この事故での死者を追悼して1964年8月に大牟田市の延命公園のなかに追悼碑が建てられました。この事故に対し、1966年、福岡地方検察庁は三井鉱山を不起訴処分とし、刑事責任は問わないことにしました。

1968年、CO中毒死の遺族が損害賠償を求めて提訴し、1973年には、遺族とCO中毒患者の422人が原告となり、損害賠償を求めて提訴しました。1987年、原告団は和解案を受け入れましたが、和解案は三井の責任を不問するものでした。そのため和解に応じない原告32人が新原告団をつくり、裁判を継続しました。新原告団の裁判

三川坑事故追悼碑・大牟田市延命公園

の判決は 1993 年に出されましたが、三井の責任を認めるものでした。尊厳をかけて闘った少数者が道を切り開きました。

　ＣＯ中毒で意識が戻らないまま、1973 年に 33 歳で亡くなった労働者がいます。目も見えず、ものも言えず、耳も聞こえず、すっかりやせ衰え、背中が腐ったようになり、ところどころ血が噴き出すという状態でした。両親は、息子は人間ではなかった、ミイラのようになった。せめて昔の姿で死なせたかった。この恐ろしさを会社の幹部に見てもらいたかったと、涙ながらに語りました。

　1997 年、三池炭鉱は閉山しました。その跡を歩くことで、労働争議や労災事故など、労働者の苦闘の歴史を学ぶことができます。

表6-3　三池炭鉱主要事故

年月日	炭鉱名	事故内容	死者	重傷	軽傷	計
1883.9.21	三池大浦	争議・坑内閉鎖	46			46
1907.12.26	三池	ガス爆発	4〔生死不明〕	16		20
1909.5.31	三池大浦	坑内出水	10	4		14
1925.7.9	三池四山	落盤	7			7
1928.3.11	三池宮浦	落盤	5	3		8
1928.11.12	三池四山	ガス爆発	12			12
1929.1.	三池	ガス爆発	10	6		16
1929.3.9	三池	ガス炭塵爆発	11	2	3	16
1930.3.29	三池	ガス炭塵爆発	11	4		14
1934.5.19	三池	落盤	3	3		6
1936.12.11	三池	落盤	3	3		6
1938.3.25	三池万田	ガス突出	3			3
1944.9.16	三池三川	坑内火災	57			57
1945.1.5	三池三川	落盤	5	2		7
1945.6.7	三池	落盤	5	1		6
1946.1.15	三池三川	ガス爆発	11			11
1948.9.14	三池宮浦	落盤	5			5
1950.8.29	三池万田	炭車逸走		1	21	22
1963.11.9	三池三川	炭塵爆発	458	675	42	1175
1967.9.28	三池三川	自然発火	7	273	14	294
1978.4.30	三池	運搬事故	1	42	21	64
1981.6.11	三池	落盤	6			6
1984.1.18	三池有明	坑内火災	83	16		99

『筑豊石炭礦業史年表』、『炭坑誌』、『鉱山保安年報』などから作成。これ以外にも多くの落盤、火災、ガス事故などがあった。

[コラム]
❺

筑豊の炭鉱と朝鮮人追悼碑

　石炭と鉄が産業革命を支えました。福岡県の内陸、筑豊は石炭生産の拠点であり、戦時には15万人の朝鮮人が連行されました。筑豊の炭鉱の産業遺産については、「明治日本の産業革命遺産」では除外されていますが、山本作兵衛の炭坑記録画がユネスコの記憶遺産に登録されています。

　在日筑豊コリア強制連行犠牲者納骨式追悼碑建立実行委員会は、解放後も放置されたままの遺骨を収集し、2000年に、飯塚市庄司の飯塚霊園に無窮花堂(ムグンファ)を建てました。2002年に無窮花堂の周囲に歴史回廊をつくりました。2004年に同実行委員会は無窮花堂友好親善の会となり、遺骨収集と平和友好をすすめています。調

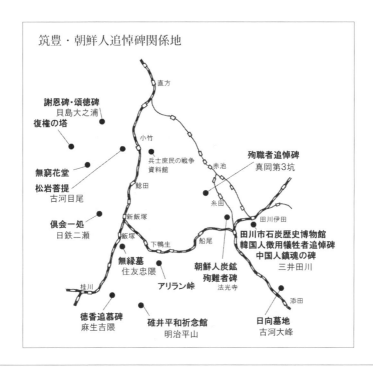

無窮花堂内の碑と遺骨（飯塚市）

麻生吉隈事故死者名（飯塚市）

韓国人徴用犠牲者慰霊碑（田川市）

中国人追悼・鎮魂の碑（田川市）

田川市の石炭・歴史博物館

査により、遺骨の一部が三菱鯰田炭鉱、日鉄二瀬炭鉱、久恒炭鉱に動員された朝鮮人のものであることが判明しています。

　飯塚市弥栄(いやさか)の麻生吉隈炭鉱跡地には徳香追慕碑があります。この碑は1936年の吉隈炭鉱事故を追悼する碑であり、1985年に再建されました。1936年の事故では29人が亡くなりましたが、そのうち25人が朝鮮人でした。麻生炭鉱では戦前に多くの朝鮮人が働いていました。戦時の1939年から45年にかけて麻生炭鉱に連行

連行された中国人（三井山野炭鉱「華人労務者調査報告書」）

日向墓地（田川郡添田町）

された朝鮮人は1万人を超えました。

　田川市伊田の三井田川炭鉱跡、石炭記念公園には1988年に建てられた韓国人徴用犠牲者慰霊碑があります。碑文には、強制連行・強制労働のなかで亡くなった人々を追悼し、それを再び繰り返さないとする旨が記されています。石炭記念公園には2002年に建てられた連行中国人を追悼する「鎮魂の碑」があります。三井田川伊田坑の跡地には、高さ約23メートルの伊田竪坑櫓（1909年）、捲揚機用煙突（1908年）も残っています。田川市石炭・歴史博物館は山本作兵衛の炭坑記録画を所蔵しています。田川市川宮の法光寺には、1975年に建てられた朝鮮人炭坑殉職者の碑があります。

　田川郡大任町の古河大峰炭鉱跡には選炭場の基礎跡などがあります。添田町には日向墓地があり、墓地の奥の崖近くにボタ石（廃石）がおかれています。それは古河大峰炭鉱で死亡した朝鮮人の墓石といわれ、現在では十数基が残っています。

　田川郡糸田町の真岡炭鉱跡には1981年に建てられた真岡炭礦第三坑殉職者慰霊之碑があります。これは1945年9月の事故で亡くなった人々の追悼碑ですが、その後、朝鮮人の氏名が判明し、2009年、副碑「命・愛・人権」にその経過が記されました。

　鞍手郡小竹町新多には1994年に建てられた追悼塔「松岩菩提」があります。ここには古河目尾炭鉱がありました。碑文には戦時下、若者が強制連行され、過酷な労働に従事させられたことが記されています。土地開発で墓地が破壊されるなか、遺骨を収集し、追悼碑をつくりました。

　宮若市には貝島大之浦炭鉱がありました。戦時には貝島大之浦へと1万人を超える朝鮮人が連行されました。文化センター入口には強制連行前史を示す「頌

6　三池炭鉱　●147

真岡炭鉱碑（田川郡糸田町）

松岩菩提の碑文（鞍手郡小竹町）

復権の塔（宮若市）

復権の塔碑文

徳碑」と「謝恩碑」があります。宮田の千石公園には「復権の塔」があります（1982年）。この塔は炭鉱労働者を追悼し、その復権を求め、連帯と尊厳を呼びかけるものです。

福岡県の東、山口県宇部市の西岐波には長生炭鉱犠牲者追悼碑があります。1942年2月3日、長生炭鉱で水没事故が起き、183人の労働者が亡くなりました。そのうち136人が朝鮮人でした。2013年に市民団体が追悼碑をつくり、再び他民族を踏みつけにするような暴虐な権力の出現を許さないために力の限り尽くすと記し、犠牲者の名を示しました。

　ここで記した碑のほかにも、現地には炭鉱事故の追悼碑があります。博物館や資料館も各地にあります。現地を歩き、炭鉱と労働者の歴史について学ぶことができます。

　犠牲者の名を記すことは人間の尊厳を心に刻むという意思表示です。八幡、長崎、三池では数多くの労働者が生命を失っています。長生炭鉱の碑のように、八幡、長崎、三池でも犠牲者の名を刻み、追悼することが望まれます。

貝島大之浦での遺族調査 2014年（若宮市）

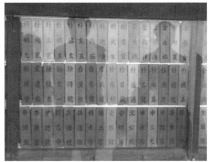

宇部・長生炭鉱事故追悼碑

7 強制労働の記録と継承

1…明治賛美の歴史認識のどこが問題ですか

◉明治産業化賛美の動き

2014年、群馬県の富岡製糸場が世界遺産に登録されました。日本政府は世界遺産への推薦の理由を、西洋の技術を導入し、国内で養蚕・製糸技術を改良し、世界の絹産業の発展と消費の大衆化をもたらした、そこに普遍的な価値があるとしたのです。

官営の富岡製糸場は1893年に三井に払い下げられました。三井が導入した出来高払い制は賃金低下をもたらしたため、ストライキが起きました。富岡製糸場は三井から原合名会社に移され、1939年には片倉製糸紡績株式会社が所有することになりました。

片倉の拠点は長野県の岡谷にありました。「あゝ野麦峠」は、岐阜県飛騨からこの岡谷の製糸工場に送られた人々の労働や生活、争議を描いたものです。片倉は製糸業を中心に紡績、肥料、製薬、食品などの事業を展開し、朝鮮にも20か所以上の工場を所有するなど、片倉財閥を形成しました。戦時下には片倉工業となり、富岡製糸場では軍需用生糸が生産されました。

富岡製糸場の世界遺産登録では、日本各地で生糸が生産され、その生糸が世界市場を席巻するようになったことを評価しています。しかし、「女工哀史」や「あゝ野麦峠」などで示された製糸工場での労働者の状態や産業化による貧富の拡大、戦時の軍需生産などについては示されません。明治の産業化だけが賛美さ

7　強制労働の記録と継承　●151

れ、観光資源とされています。同様に、「明治日本の産業革命遺産」でも労働者の歴史や侵略と植民地支配の歴史が示されないのです。

● 安倍談話での歴史歪曲

産業資本の視点を重視し、戦争の歴史を批判的にみようとしない姿勢は、戦後70年の安倍首相の談話に現れています。

戦後70年の安倍談話は、朝鮮の植民地支配にはふれないものでした。その談話では、日ロ戦争が植民地支配下のアジア・アフリカの人びとを勇気づけるものとされ、日本は満洲事変以後、進むべき針路を誤ったとします。

謝罪や反省は、過去の政権の言葉として示し、みずからの言葉として示しません。被害者への賠償の言葉はありません。中国人が戦争の辛酸を嘗め尽くしたとしていますが、日本によるものとは言いません。アジアに対する日本の加害についても具体的にふれません。米国・英国・オランダ・豪州の捕虜については言及し、和解の努力に感謝するとします。そして、子や孫、その先の世代に謝罪を続ける宿命を背負わせてはいけないとしています。

談話は、繁栄を平和の基礎とし、最後に「積極的平和主義」を示しました。ここでの「積極的平和主義」は、日米の軍事同盟を強め、日本国憲法の平和主義を変えようとする考え方です。

2015年8月、安倍首相談話を批判的に報道する記事

日本の産業革命による石炭業、鉄鋼業、造船業などの重工業化は、日清・日ロの戦争、第1次世界大戦などの戦争によってすすめられ、朝鮮半島、遼東半島、台湾への侵略と占領、植民地支配をともなうものでした。産業化とその拡大は、さらなる戦争につながったのです。日本の産業革命は、

152

アジアとの関係、戦争と植民地主義を抜いて語ることはできません。

けれども、「明治日本の産業革命遺産」の物語では、幕末から明治にかけての産業化が、植民地とされない日本の歴史をつくったとします。そこでは、明治期の日清・日ロの戦争とそれによる台湾や朝鮮の植民地化についてはふれません。

そのような歴史の宣伝に侵略と植民地支配を受けた側が共感できるでしょうか。1850年代の幕末から1910年までの明治期で産業革命を切り取り、明治を賛美する歴史認識では、その後の歴史が見えなくなってしまいます。そのような歴史の見方を克服することが普遍的な展示や説明につながります。

2…朝鮮人強制労働の認知がなぜ必要なのですか

●反人道的不法行為・植民地支配に直結した不法行為への賠償請求権

1990年代に入り、韓国や中国の強制労働の被害者がその謝罪と賠償を求めて立ちあがりました。三井と三菱はそのような強制労働をおこなった中心的な企業として訴えられました。日本製鉄（現在の新日鉄住金）も同様です。この強制労働問題に対して、日本政府は十分な真相調査をおこなうこともなく、賠償については1965年の「日韓請求権協定で解決済み」としてきました。いまも韓国では強制労働の裁判が続いています。その被告は三菱重工業や新日鉄住金などです。

2012年、韓国の大法院は、日本の国家権力が関与した反人道的不法行為や植民地支配に直結した不法行為による損害賠償権が請求権協定の適用対象に含まれていたとみることは難しいとし、請求権協定によって個人の請求権は消滅していないという判断を示しました。

強制動員という不法行為への被害者個人の損害賠償請求権を認めたのです。以後、韓国の判決では、企業に対する個人の損害賠償請求権を認めるようになり、原告が勝訴するようになりました。韓国政府も司法判断に従う姿勢を示すようになりました。時代は変わりつつあります。

7　強制労働の記録と継承 ● 153

このような動きに応え、日本政府と三菱、三井、新日鉄住金などの企業は、強制労働の事実を認め、産業遺跡に強制労働の史実を記し、語り伝えるべきでしょう。戦時の強制労働問題の解決にむけて、賠償基金を設立するなどの事業をすすめるなど、積極的に活動することが求められているのです。

◉朝鮮人強制労働の認知を

2015年7月、三菱鉱業の後継会社の三菱マテリアルは、国内の事業所での連合軍捕虜の強制労働に関して、アメリカで謝罪しました。企業では初めてといいます。2016年、三菱マテリアルは中国人の強制労働についても賠償に相当する資金を拠出し、和解する動きを示しました。しかし、朝鮮人の強制労働については、事実を認めようとしません。朝鮮人の強制労働に対しても、謝罪と個人賠償をすすめることが和解につながります。

今回の「明治日本の産業革命遺産」の登録を契機に、日本政府と三菱、三井、新日鉄住金などの企業は、過去の清算にむけて戦時の朝鮮人強制労働を認知すべきです。強制労働の克服という国際的な理念をふまえ、強制労働問題の解決にむけて行動することが、国際社会で評価されます。

1965年の日韓条約・日韓請求権協定は冷戦下の産物であり、戦争動員被害者の尊厳回復をすすめるものではなかったのです。植民地主義を清算し、戦争動員被害者の権利の回復につながるような新たな日韓の合意・協定が結ばれるべきでしょう。そのような政治的な協働の上に、強制労働被害者支援のための財団とそれを支える基金が形成されるべきです。被害者の合意がないままの政治的談合をおこなってはなりません。

154

3…情報センターで強制労働について記すことがなぜ必要なのですか

●被害者の尊厳回復の視点

　日本政府は「明治日本の産業革命遺産」に関する情報センターの設置を計画しています。情報センターは主要な産業革命遺産がある現地に設置され、その解説は明治期だけでなく、資本・労働・国際関係の面から多面的に表現されるべきです。「明治日本の産業革命遺産」の展示において、1910年以降に、どのように資本が拡大されたのか、どのような形で戦争に関与したのか、そのなかで労働者はどのようになったのか、戦時の強制労働はどのようなものだったのか、戦後の資本、労働、環境の歴史はどのようなものだったのか、これらの歴史について記すことが、この遺産を普遍的なものに高めることになります。

　今回の「明治日本の産業革命遺産」の登録問題では、日本政府が朝鮮人などの強制労働の事実を認知し、その歴史も含めて、普遍的な価値のある遺産として提示するという課題が示されたとみるべきでしょう。

　国際社会は、奴隷制度、人種差別、植民地主義、侵略戦争、戦時性暴力を克服するという歴史認識を獲得し、それを拡げてきました。国際法をとらえ直し、被害者の尊厳の回復にむけ、人権侵害の再発を許さない視点で国際法を適用するようになりました。日本の戦争と植民地支配に起因する強制労働や性奴隷制の解決への取り組みは、被害者の尊厳回復の活動の一環です。

　情報センターの展示は、このような国際社会の取り組みをふまえ、強制労働被害者の証言を重視し、強制労働被害者の尊厳回復の視点をふまえたものであるべきです。展示が強制労働を否定するものであってはなりません。

4…企業による過去の清算はどのようにすすみましたか

●記憶保存の企業文化と「記憶・責任・未来」基金

　ドイツのフォルクスワーゲン社は「記憶保存の企業文化」を示し、過去の清算をすすめました。この活動では、外部の専門家に委託して軍需生産と強制労働を記録し、社史を編纂します。社内に強制労働記念の地を設定し、社の敷地内に強制労働の記念碑を建てます。強制労働に関する「記憶保存資料館」を建設し、文書を管理し、継承します。強制労働者の所在地へと助成金を支出します。強制労働被害者の社への訪問など、人道的な支援をおこないます。カタログや強制労働関係の資料を出版します。

　フォルクスワーゲン社は旧ナチス時代の強制労働被害者の補償のための「記憶・責任・未来」財団の設立でイニシアティブを発揮しました。この財団は 2000 年に設立され、政府と企業はそれぞれ 50 億マルクを支出し、計 100 億マルク（約51 億ユーロ）の基金をつくりました。2007 年 6 月までに 100 か国の約 176 万5000 人に計 43 億 7300 万ユーロの補償金を支払いました。補償金の支払い後、財団は歴史教育のために、強制労働者 600 人分の動画・録音と強制労働者の申請書類をウェブ上で公開する事業をすすめました。それらは教材として利用できるように工夫されています。

　この「記憶・責任・未来」基金設立の呼びかけは 1999 年に、強制労働に関与したドイツ企業である自動車のダイムラー・クライスラー、ＢＭＷ、フォルクスワーゲン、電気・電子のシーメンス、機械・鉄鋼のティッセン・クルップ、化学のＩＧファルベンの後継企業であるバイエル、ＢＡＳＦ、ヘキスト、金融のドイツ銀行など、12 社がおこないました。そのよびかけに、強制労働に直接関わりのない企業を含め、約 6500 社が応じました。ドイツ企業は、戦時の強制労働が人道に対する罪であったことを認め、その歴史的責任を取ろうとしたのです。

　日本の企業も「記憶保存の企業文化」の取り組みや「記憶・責任・未来」財団

の設立の動きに学ぶべきでしょう。特に三井、三菱、新日鉄住金は強制労働関係企業として、過去の清算を呼びかける立場にあります。

　三菱マテリアルは米軍捕虜への強制労働を謝罪し、中国人強制連行者と和解交渉をすすめました。日本の企業は、朝鮮人の強制労働を認め、過去の清算をすすめるべきでしょう。

5…産業遺産で何を語り伝えますか

◉労働者とアジアの視点を

　日本の産業革命は日清・日ロの戦争、第1次世界戦争などの戦争によってすすみました。産業革命による重工業化（石炭業、鉄鋼業、造船業など）は、朝鮮半島、遼東半島、台湾への侵略と占領、植民地支配をともなうものでした。重工業の維持と拡大は、さらなる戦争につながっていきました。日本の産業革命は、アジアとの関係、戦争と植民地主義を抜いては語れないものです。「明治日本の産業革命遺産」のように1850年代から1910年までと期間を限定すれば、その後の歴史が見えなくなります。

　製鉄・石炭・造船の産業での資本の形成は、劣悪な労働環境とともにありました。それらの現場では、数多くの労働者が生命を失いました。石炭や鉄鋼、建造物には多くの労働者の血と汗が結晶しています。三池には受刑者の名もなき墓標があります。高島炭鉱にも労働者の無縁墓（供養塔）があります。長崎での兵器生産は長崎への原爆投下をもたらし、長崎での原爆死没者名簿登録者数は17万人を超えます（2017年現在）。日本の産業革命の遺産はこれらの人々の存在についても語り伝えるものです。

　戦争の拡大は朝鮮人・中国人・連合軍捕虜の強制労働を生みました。明治期につくられた遺跡には戦時の強制労働がおこなわれたときに稼働していたものもあります。産業遺跡は戦争と強制労働を経て今日に至っています。三池や高島の炭

7　強制労働の記録と継承　●157

無窮花堂を訪問した韓日平和紀行団（2010年）

韓国・富平の平和の少女像（2016年建立）

宇部長生炭鉱追悼碑・日韓共同調査（2015年）

鉱、八幡製鉄所や長崎造船所の工場は、強制労働の歴史、朝鮮や中国の民衆が受けた痛みや悲しみの歴史を語り伝えるものでもあるのです。

　日本の近代化・産業化をみるにあたり、労働者民衆やアジアの視点は欠くことができないものです。その視点を持たずに、ナショナルな視点だけで、近代化や産業化を美化し、痛みと反省のない物語をつくりあげてはならないのです。

◉文化活動としての被害者追悼

　「明治日本の産業革命遺産」の登録は官邸主導ですすめられましたが、過去の戦争や朝鮮の植民地支配を正当化する歴史観が反映されています。日本政府によ

の設立の動きに学ぶべきでしょう。特に三井、三菱、新日鉄住金は強制労働関係企業として、過去の清算を呼びかける立場にあります。

　三菱マテリアルは米軍捕虜への強制労働を謝罪し、中国人強制連行者と和解交渉をすすめました。日本の企業は、朝鮮人の強制労働を認め、過去の清算をすすめるべきでしょう。

5…産業遺産で何を語り伝えますか

●労働者とアジアの視点を

　日本の産業革命は日清・日ロの戦争、第1次世界戦争などの戦争によってすすみました。産業革命による重工業化（石炭業、鉄鋼業、造船業など）は、朝鮮半島、遼東半島、台湾への侵略と占領、植民地支配をともなうものでした。重工業の維持と拡大は、さらなる戦争につながっていきました。日本の産業革命は、アジアとの関係、戦争と植民地主義を抜いては語れないものです。「明治日本の産業革命遺産」のように1850年代から1910年までと期間を限定すれば、その後の歴史が見えなくなります。

　製鉄・石炭・造船の産業での資本の形成は、劣悪な労働環境とともにありました。それらの現場では、数多くの労働者が生命を失いました。石炭や鉄鋼、建造物には多くの労働者の血と汗が結晶しています。三池には受刑者の名もなき墓標があります。高島炭鉱にも労働者の無縁墓（供養塔）があります。長崎での兵器生産は長崎への原爆投下をもたらし、長崎での原爆死没者名簿登録者数は17万人を超えます（2017年現在）。日本の産業革命の遺産はこれらの人々の存在についても語り伝えるものです。

　戦争の拡大は朝鮮人・中国人・連合軍捕虜の強制労働を生みました。明治期につくられた遺跡には戦時の強制労働がおこなわれたときに稼働していたものもあります。産業遺跡は戦争と強制労働を経て今日に至っています。三池や高島の炭

7　強制労働の記録と継承　●157

無窮花堂を訪問した韓日平和紀行団(2010年)

韓国・富平の平和の少女像(2016年建立)

宇部長生炭鉱追悼碑・日韓共同調査(2015年)

鉱、八幡製鉄所や長崎造船所の工場は、強制労働の歴史、朝鮮や中国の民衆が受けた痛みや悲しみの歴史を語り伝えるものでもあるのです。

　日本の近代化・産業化をみるにあたり、労働者民衆やアジアの視点は欠くことができないものです。その視点を持たずに、ナショナルな視点だけで、近代化や産業化を美化し、痛みと反省のない物語をつくりあげてはならないのです。

●文化活動としての被害者追悼

　「明治日本の産業革命遺産」の登録は官邸主導ですすめられましたが、過去の戦争や朝鮮の植民地支配を正当化する歴史観が反映されています。日本政府によ

韓国・富平の強制動員像（2017年建立）　　韓国・龍山の強制動員像（2017年建立）

る強制労働の認識の否定は、侵略と植民地支配を否認する動きとつながるものです。ナショナリズムをすすめた吉田松陰から伊藤博文までの物語でなく、亡くなった無名の労働者や朝鮮や中国などのアジアの民衆につながる視点をもち、産業遺跡を歴史遺産として保全し、継承していくべきでしょう。

産業資本の形成を賛美するだけでは、歴史を多面的に見ることができません。産業遺跡を利用して偏狭なナショナリズムを煽ってはならないのです。植民地主義や強制労働などの加害の歴史を語り伝えていくことが、普遍的な歴史認識につながります。

連行された朝鮮人・中国人・連合軍捕虜の追悼碑が各地にあります。それらは強制労働犠牲者への戦後の追悼の活動、友好平和の活動について語り伝えるものです。

その活動は人種や民族を超え、人権と平和、自由と正義の実現をめざすものであり、人類の知的・精神的連帯による平和の実現というユネスコの精神に合致する文化活動なのです。

[コラム]
❻

官邸主導の「明治日本の産業革命遺産」

首相官邸・有識者会議と文化庁

　世界遺産への登録は文部科学省の外局である文化庁が担当してきました。しかし、「明治日本の産業革命遺産」は安倍晋三内閣が官邸主導ですすめました。その経過をみてみましょう。

　「明治日本の産業革命遺産」は当初「九州・山口の近代化産業遺産群」の形で世界遺産登録をすすめてきました。その活動をすすめていた加藤康子氏の父は自民党政調会長や農水相などを務めた故加藤六月です。

　野田政権時の2012年6月、内閣官房を事務局とする「稼働資産を含む産業遺産に関する有識者会議」が設置されました。2012年末に安倍内閣(第2次)が成立すると、2013年3月、この有識者会議の下に産業プロジェクトチームがおかれ、世界遺産への登録をめざしました。

　安倍氏は加藤氏の友人であり、その活動に理解を示してきました。加藤氏はこのプロジェクトチームのコーディネーターになりました。和泉洋人氏は内閣官房で地域活性化統合事務局長として活動してきましたが、同年1月に首相補佐官となり、地域活性化を担い、世界遺産への登録を支えました。同年、世界遺産登録にむけ、景観法が改正されました。さらに同年9月、産業遺産国民会議(一般財団法人)が設立され、民間で推進の活動を強めました。

　文化庁の文化審議会には、この産業遺産に対し、コンセプトの問題や保存対策の不十分性など、批判的な意見がありました。文化審議会は2013年8月、「長崎の教会群とキリスト教関連遺跡」を世界遺産の推薦候補としました。世界遺産への推薦候補をめぐり、文化庁と内閣官房の有識者会議とが対立することになったのです。

山口県の総理大臣展 2013年

ユネスコ世界遺産登録推薦書（英語版）収録のマーク

ユネスコ推薦書の巻頭で十全な支援を表明する安倍首相

官邸主導の世界遺産登録推進

2013年9月17日、菅義偉官房長官は「明治日本の産業革命遺産」を推薦候補とすると発表しました。菅官房長官の「裁定」と呼ばれています。政府は世界遺産の推薦候補に産業遺産を割り込み、「長崎の教会群とキリスト教関連遺跡」を後回しにするよう「調整」したのです。産業遺産が「首相案件」とされ、官邸が有識者会議の動きを使いながら、文化庁の世界遺産の推薦候補選定に介入し、文化庁を従わせたのです。

この「裁定」を経て、2014年1月、安倍内閣は「明治日本の産業革命遺産」の登録推進を、閣議で了承しました。政府はユネスコ世界遺産委員会に正式な推薦書を出しました。この登録にむけ、2014年4月、元ユネスコ大使の木曽功氏が内閣官房参与に任命されました。2015年7月のユネスコ世界遺産委員会の直前、加藤康子氏が内閣官房参与とされ、佐藤地ユネスコ日本大使とともに和泉洋人・木曽功氏らと、7月の世界遺産委員会で登録にむけて活動しました。その後の2016年3月、産業遺産の登録推進に積極的でなかったとされる日本イコモス委員長は文化審議会委員から外れました。木曽功氏は同年4月、加計学園の理事になりました。

2017年、加計学園による今治市での獣医学部新設が問題になりました。この件が「総理のご意向」とされ、それを実現するために人事に介入し、「加計ありき」の出来レースが仕組まれたというのです。国家戦略特区創設の閣議決定は2013年6月のことであり、この国家戦略特区が獣医学部の新設に向けて動きました。この

7　強制労働の記録と継承　●161

新設も「首相案件」とされ、新設に反対していた文部科学省には圧力が加えられ、2015年8月、文科省の高等教育局長が更迭されました。さらに2016年8月の安倍内閣の改造で地方創生担当大臣を変え、獣医学部の新設を決めていったというのです。

　この事件は、大阪での森友学園小学校建設問題とともに、安倍政治による「国家の私物化」と批判されました。官邸主導による「明治日本の産業革命遺産」の世界遺産登録推進も、このような動きと同様のものとする見解があります。

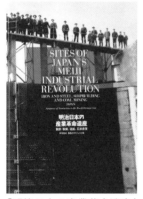

「明治日本の産業革命遺産」推薦書ダイジェスト版・政府内閣官房（加藤康子監修・文）

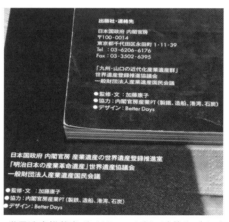

世界遺産推薦書ダイジェスト版の連絡先（上が初版、下が改版）、初版は内閣官房が連絡先であるが、改版では消去され、連絡先の住所がない

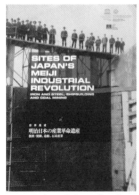

世界遺産協議会の「明治日本の産業革命遺産」パンフレット（加藤康子監修・文）

産業遺産国民会議の案内地図

おわりに

　地球の核は鉄で構成され、鉄は磁場をつくります。この磁場が宇宙線や太陽からの高エネルギー粒子をさえぎり、生命体を守ります。地球で生まれた人類の血液のヘモグロビンには鉄があり、肺から酸素を体内に運びます。鉄は人の生命を支えています。人類の歴史では、鉄は農耕具や武器に利用され、社会形成をすすめました。鉄は石炭とともに近代の産業革命を支えました。鉄は地球の生命体を守る物質ですが、人類はその鉄を利用して、戦争にも利用してきました。人類は戦争を廃止できていません。

　そのような戦争の歴史をふまえ、ユネスコは人類の知的・精神的連帯を呼びかけ、教育と文化を重視し、人権と平和にむけての普遍的な価値の形成を求めて、世界遺産を設定しました。

　しかし、「明治日本の産業革命遺産」の物語は、「明治の日本はすごい」と自国の歴史を賛美し、植民地や占領された国々への配慮を欠くものです。また、「地域活性化」の名で観光をすすめ、利益をあげようとするものです。戦争での加害や強制労働の歴史など、産業遺産の「負の歴史」が語られようとしないのです。歴史の真実に背を向け、「強制労働はなかった」という宣伝も始まりました。

　「明治日本の産業革命遺産」という括り方に無理があります。名称から「明治」という言葉をはずし、「日本の産業革命遺産」の形で、物語を組みかえ、戦争と強制労働について表現するほうが普遍的なものになるでしょう。

　産業遺産にはその時代の精神が宿っています。その時代に生きた人々の尊厳が埋め込まれています。その遺産から、どのようなものを見ていくのか、聞き取っていくのか、語り伝えていくのか、それが問われていると思います。

　あなたは産業遺産から、何を見ようとしますか、何をどのように語り伝えたいと思いますか。

（2018 年 1 月）

参考文献

【全般】

厚生省勤労局「朝鮮人労務者に関する調査」福岡県分・長崎県分 1946 年

中央協和会「移入朝鮮人労務者状況調」1942 年、『協和事業関係』保安課 1944 年 国立
　国会図書館憲政資料室蔵

中央協和会『協和事業年鑑』1942 年、復刻版 社会評論社 1990 年

石炭統制会文書、長澤秀編『戦時下朝鮮人中国人連合軍俘虜強制連行資料集』1・2 緑蔭
　書房 1992 年

「労務動員関係朝鮮人移住状況調」(『種村氏警察参考資料第 110 集』)、「昭和十九年度新
　規移入朝鮮人労務者事業場別数調」(『種村氏警察参考資料第 98 集』)、「朝鮮人労働者
　ノ内地移住状況」(『種村氏警察参考資料第 76 集』) 国立公文書館蔵

内務省警保局「特高月報」「社会運動の状況」、朴慶植編『在日朝鮮人関係資料集成』
　4・5 三一書房 1976 年

大日本産業報国会『殉職産業人名簿』1942 年

『経済協力韓国 105 労働省調査 朝鮮人に対する賃金未払債務調』大蔵省 1953 年 国立公
　文書館蔵

『華人労務者事業場別就労調査報告書』外務省 1946 年 外交史料館蔵

筑豊石炭礦業史年表編纂委員会『筑豊石炭礦業史年表』田川郷土研究会 1973 年

全国交流集会九州編『九州の強制連行』全国交流集会九州実行委員会 1999 年

九州地方朝鮮人強制連行真相調査団『九州朝鮮人強制連行の実態・新聞報道資料』1974 年

朝鮮人強制連行真相調査団『強制連行された朝鮮人の証言』明石書店 1990 年

長崎在日朝鮮人の人権を守る会『原爆と朝鮮人』1～7 1982 年～ 2014 年

田中宏・内海愛子・石飛仁編『資料中国人強制連行』明石書店 1987 年

田中宏・内海愛子・新美隆編『資料中国人強制連行の記録』明石書店 1990 年

何天義編『日軍槍刺下的中国労工 中国労工在日本』新華出版社 1995 年

何天義編『二戦擄日中国労工口述史 2 血洒九州島』齊魯書社 2005 年

九州産業考古学会編『福岡の近代化遺産』弦書房 2008 年

江浜明徳『九州の戦争遺跡』海鳥社 2012 年

『強制動員寄贈資料集』日帝強占下強制動員被害真相糾明委員会 2006 年

『散らばったあの日の記憶』対日抗争期強制動員被害調査及び国外強制動員犠牲者等支援
　委員会 2012 年

『幕末の産業革命 韮山反射炉』静岡県文化財団 2015 年

『明治日本の産業革命遺産と萩』萩博物館 2015 年

『第 9 回強制動員真相究明全国研究集会資料』強制動員真相究明ネットワーク 2016 年

『第 10 回強制動員真相究明全国研究集会報告集』強制動員真相究明ネットワーク 2017 年

『SITES OF JAPAN'S MEIJI INDUSTRIAL REVOLUTION KYUSHU-YAMAGUCHI AND
　RELATED AREAS』(英文、日本政府によるユネスコ世界遺産センターへの推薦書)
　2014 年

『明治日本の産業革命遺産 製鉄・製鋼、造船、石炭産業 世界遺産推薦書ダイジェスト版』
　　日本国政府内閣官房 2016 年
『明治日本の産業革命遺産 製鉄・製鋼、造船、石炭産業』DVD「九州・山口の近代化産
　　業遺産群」世界遺産登録推進協議会事務局 2016 年
『明治日本の産業革命遺産 製鉄・製鋼、造船、石炭産業』「明治日本の産業革命遺産」世
　　界遺産協議会 2017 年
『「明治日本の産業革命遺産」と強制労働』強制動員真相究明ネットワーク・民族問題研
　　究所 2017 年
『「明治日本の産業革命遺産」と強制労働』映像版 強制動員真相究明ネットワーク・民族
　　問題研究所 2017 年
ＰＯＷ研究会ウェブサイト　http://homepage3.nifty.com/pow-j/
「捕虜 日米の対話」　http://www.us-japandialogueonpows.org/
産業遺産国民会議ウェブサイト　https://sangyoisankokuminkaigi.jimdo.com/

【八幡製鉄所】
『製鐵所事業概要』八幡製鉄所庶務部 1920 年
『寫眞帖 製鉄所』八幡製鐵所共済組合購買部 1931 年
『港湾参考資料』八幡市 1934 年
「米軍撮影写真」日鉄裁判を支援する会提供　アメリカ国立公文書館蔵
日本製鉄八幡製鐵所「移入朝鮮人労務者ニ関スル調査」1944 年 3 月、朴慶植編『在日朝
　　鮮人関係資料集成 5』三一書房 1976 年
福岡県特別高等課「労務動員計画ニ依ル移入労務者事業場別調査表」1944 年 1 月末、『県
　　政重要事項』福岡県 1944 年 7 月
『朝鮮人労務者関係』日本製鉄総務部勤労課 1946 ～ 50 年
『四十年史』日鉄鉱業 1979 年
古庄正「連行朝鮮人未払い金供託報告書」『駒沢大学経済学論集』23-1 1991 年
同「日本製鉄株式会社の朝鮮人強制連行と戦後処理」『駒沢大学経済学論集』25-1 1993 年
『虹 日韓民衆のかけ橋』1・2 日本製鉄元徴用工裁判を支援する会 1996・98 年
横川輝雄「福岡県における朝鮮人強制連行」『田川市石炭資料館だより』6 1994 年
「安楽寺過去帳」林えいだい編『戦時外国人強制連行関係史料集Ⅱ朝鮮人 1 下』明石書店
　　1991 年
「勤報隊半島鉱員徴用鉱員索引」同編『戦時外国人強制連行関係史料集Ⅱ朝鮮人 1 上』明
　　石書店 1991 年
「火葬許可願綴」飯塚市
『八幡製鉄所と強制連行』八幡製鉄の元徴用工問題を追及する会 1998 年
長澤秀「貝島炭礦と朝鮮人強制連行」『青丘学術論集』14 韓国文化研究振興財団 1999 年
久田照和・近藤伸久『米騒動と八幡製鉄所争議』福岡県歴史教育者協議会 1970 年
長野暹編『八幡製鐵所史の研究』日本経済評論社 2003 年
北九州地域史研究会編『北九州の近代化遺産』弦書房 2006 年
筑豊近代遺産研究会編『筑豊の近代化遺産』弦書房 2008 年
宮本英昭・橘省吾・横山広美『鉄学 137 億年の宇宙誌』岩波書店 2009 年

『ポンポン船に乗ってきたが、海の鬼になるところだった』日帝強占下強制動員被害真相
　　糾明委員会 2006 年
朱錫奉証言『解放 70 年、私は闘っている』DVD 民族問題研究所 2015 年
中田光信「八幡製鉄所における強制連行・強制労働について」『第 10 回強制動員真相究
　　明全国研究集会報告集』2017 年

【長崎造船所】
「長崎朝鮮人被爆者一覧表」長崎市 1982 年
「長崎・平和公園 原爆遺跡の復元を！」平和公園の被爆遺構を保存する会 1992 年
久保田達郎『問われている戦後責任とは何か』1992 年
『三菱重工と日本政府の戦後責任を問う』全国一般長崎連帯支部長崎造船労働組合 1992 年
『平和都市長崎における三菱の兵器生産 正編』全国一般長崎連帯支部長崎造船労働組合
　　2003 年
『金順吉裁判資料集』1 ～ 3 金順吉裁判を支援する会 1992 年～ 93 年
平野伸人「日本の民衆の加害責任も告発」『日本企業の戦争犯罪』創史社 2000 年
三菱広島・元徴用工被爆者裁判を支える会『「恨」三菱・廣島・日本』創史社 2010 年
長崎原爆遺構を記録する会編『原爆遺構・長崎の記憶』新版 海鳥社 2005 年
前川忠良「松尾造船、川南工業、三菱造船 長崎香焼島に於ける造船業の変遷」『経営と経済』
　　49 長崎大学 1969 年
船越耿一「朝鮮人強制連行における企業のイニシァチブ」『長崎大学教育学部社会科学論
　　叢』53 1997 年
『わが身に刻まれた八月』日帝強占下強制動員被害真相糾明委員会 2008 年
『広島・長崎 朝鮮人の原爆被害に関する真相調査』対日抗争期強制動員被害調査及び国外
　　強制動員犠牲者等支援委員会 2011 年
『福岡俘虜収容所第 2 分所犠牲者追悼記念碑除幕・平和祈念式報告書』福岡俘虜収容所犠
　　牲者追悼碑建立委員会 2015 年
田城明「元オランダ人捕虜ら在外被爆者支援の充実を」「中国新聞」2009 年 2 月 9 日 広
　　島平和メディアセンター
レネ・シェーファー『オランダ兵士長崎被爆記』草土文化 1983 年
ヒュー・クラーク『長崎俘虜収容所』長崎文献社 1988 年
ブライアン・バークガフニ『花と霜 グラバー家の人びと』長崎文献社 1989 年
河井章子「三菱重工長崎造船所強制動員被害者の被爆者手帳認定について」『第 9 回強制
　　動員真相究明全国研究集会資料』2016 年
笹本妙子「福岡第 14 分所（長崎市幸町）」ＰＯＷ研究会ウェブサイト

【高島・端島炭鉱】
長崎在日朝鮮人の人権を守る会『軍艦島に耳を澄ませば』社会評論社 2011 年
同『長崎の世界遺産 高島・端島と朝鮮人・中国人の記録』2015 年
同『さびついた歯車を回そう 資料「華人労務者調査報告書」』1994 年
高浜村「火葬認許証下附申請」林えいだい編『戦時外国人強制連行関係史料集Ⅱ朝鮮人
　　1 下』明石書店 1991 年

林えいだい『死者への手紙』明石書店 1992 年

同『妻たちの強制連行』風媒社 1994 年

同『地図のないアリラン峠』明石書店 1994 年

同『筑豊・軍艦島 朝鮮人強制連行、その後』弦書房 2010 年

前川雅夫編『炭坑誌 長崎県石炭史年表』葦書房 1990 年

阿久井喜孝・滋賀寿實『軍艦島実測調査資料集』東京電機大学出版局 1974 年

「三菱高島礦業所端島坑状勢一覧」三菱高島礦業所 1938 年

三菱鉱業セメント総務部社史編集室『三菱鉱業社史』三菱鉱業セメント 1976 年

三菱鉱業セメント高島炭礦史編纂委員会『高島炭礦史』三菱鉱業セメント 1979 年

大山敷太郎「高島炭坑に見る明治初期の親方制度の実態」『立命館経済学』4-2 1955 年

『三十年史』三菱高島炭砿労働組合 1977 年

『高島町遺跡地図』長崎県 1987 年

『高島半世紀の記憶』高島町 1999 年

「閉山後 20 有余年 いつ目を覚ますか 軍艦島」高島町建設産業課 2000 年頃

『長崎県の近代化遺産』長崎県教育委員会 1998 年

『新長崎市史 3 近代編』長崎市 2014 年

朴慶植編『朝鮮問題資料叢書 2』アジア問題研究所 1981 年

盛善吉編『もう戦争はいらんとよ』連合出版 1982 年

百萬人の身世打鈴編集委員会『百萬人の身世打鈴』東方出版 1999 年

大分県朝鮮人強制連行共同調査団『朝鮮人「強制連行」大分県の記録』1993 年

松坂英明・つね子『娘松坂慶子への「遺言」』光文社 1993 年

『追悼徐正雨さんその誇り高き人生』岡まさはる長崎平和資料館ほか 2002 年

『酷い別離』日帝強占下強制動員被害真相糾明委員会 2007 年

『死亡記録を通して見た端島炭鉱強制動員朝鮮人死亡者の被害実態に関する基礎調査』対
　日抗争期強制動員被害調査及び国外強制動員犠牲者等支援委員会 2012 年

高實康稔『長崎の中国人強制連行』長崎の中国人強制連行の真相を調査する会・同裁判
　を支援する会 2005 年

『浦上刑務支所中国人原爆犠牲者追悼碑報告集』浦上刑務支所中国人原爆犠牲者追悼碑建
　立委員会 2008 年

黒沢永紀『軍艦島入門』実業之日本社 2013 年

ウィリアム・アンダーウッド「三菱、歴史修正主義と日本企業の中国強制労働賠償への
　抵抗」http://www.japanfocus.org/data/CFL_Mitsubishi_J_trans_1_1961.pdf

【三池炭鉱】

GHQ・LS（法務局）文書「三井鉱山大牟田労働者名簿」（List of Employees at Mitsui Mining
　Company at Omuta）国立国会図書館憲政資料室蔵

林えいだい・白戸仁康・武松輝男編『戦時外国人強制連行関係史料集Ⅳ下』明石書店
　1991 年

武松輝男編『三池炭鉱の発展・支配と鉱害』古雅書店 1979 年

同「三池炭鉱と強制連行」『第 10 回朝鮮人中国人強制連行強制労働を考える全国交流集
　会 in きゅうしゅう』全国交流集会九州実行委員会 1999 年

『大牟田市立図書館所蔵 武松輝男資料目録』大牟田市立図書館 2012 年
町田定明『三井三池各事業所寫眞帖』1926 年
「三池港案内」三井鉱山三池港務所 1934 年
三井鉱山『資料三池争議』日本経営者団体連盟弘報部 1962 年
三池炭鉱労働組合『みいけ 20 年』1967 年
『兄弟よ、安らかに眠れ「朝鮮人殉難」の真相』福岡県在日朝鮮人殉難者慰霊祭実行委員
　　会 1963 年
新藤東洋男『米騒動と大正 13 年の三池争議』福岡県歴史教育者協議会 1970 年
同『太平洋戦争下における三井鉱山と中国・朝鮮人労働者』人権民族問題研究会 1973 年
大城美知信・新藤東洋男『三池・大牟田の歴史』古雅書店 1983 年
石田真弓『故郷はるかに』アジア問題研究所 1985 年
森崎和江・川西到『与論島を出た民の歴史』葦書房 1996 年
高木尚雄『わが三池炭鉱』葦書房 1997 年
中川雅子『見知らぬわが町 1995 真夏の廃坑』葦書房 1996 年
裵東録「同胞の恨、歴史の証に」『パトローネ』29 1997 年 4 月
朝鮮人強制連行真相調査団『朝鮮人強制連行調査の記録 中部東海編』柏書房 1997 年
『燃える石』大牟田の歴史を考える会 1990 年
『過ちを認め、償い、共に歩むアジアの歴史を』中国人強制労働事件福岡訴訟原告弁護団
　　2001 年
レスター・テニー『バターン 遠い道のりのさきに』梨の木舎 2003 年
熊谷博子『三池 終わらない炭鉱の物語』シグロ 2006 年
『タンコだって』日帝強占下強制動員被害真相糾明委員会 2005 年
『写真でみる強制動員の話 北海道編』対日抗争期強制動員被害調査及び国外強制動員犠
　　牲者等支援委員会 2009 年
『地の底から人権の水平を語る』炭鉱と人権大牟田フィールドワーク冊子作成委員会
　　2015 年
広瀬貞三「戦前の三池炭鉱と朝鮮人労働者」『福岡大学人文論叢』48-2 2016 年
『日帝強制動員歴史館』日帝強制動員歴史館 2016 年

【写真提供・掲載許可等】
韓国の原爆被害者を救援する市民の会、日本製鉄元徴用工裁判を支える会、朝鮮人強制
連行真相調査団、民族問題研究所、何天義、浦上刑務支所中国人追悼碑建立委員会、日
中友好協会福岡県連合会大牟田支部、中国人強制労働事件福岡訴訟弁護団、ＰＯＷ研究
会

［著者紹介］

竹内康人（たけうちやすと）

1957 年浜松市生まれ、歴史研究

著書に『戦時朝鮮人強制労働調査資料集・増補改訂版』神戸学生青年センター
出版部 2015 年

『調査・朝鮮人強制労働』①炭鉱編、②財閥・鉱山編、③発電工事・軍事基
地編、④軍需工場・港湾編　社会評論社 2013 年〜 15 年

論文に「長崎県炭鉱への朝鮮人強制連行」『戦争責任研究 89』2017 年など

連絡先　paco.yat@poem.ocn.ne.jp

明治日本の産業革命遺産・強制労働 Q & A

2018 年 5 月 15 日　初版第 1 刷発行

著　者＊竹内康人
装　幀＊後藤トシノブ
発行人＊松田健二
発行所＊株式会社社会評論社
　　　　東京都文京区本郷 2-3-10
　　　　tel.03-3814-3861/fax.03-3818-2808
　　　　http : //www.shahyo.com/
印刷・製本＊株式会社倉敷印刷

Printed in Japan

調査・朝鮮人強制労働①炭鉱編

●竹内康人

A5判★2800円

石狩炭田、北炭万字炭鉱、筑豊の炭鉱史跡と追悼碑、麻生鉱業、三井鉱山三池炭鉱、三菱鉱業高島炭鉱、三菱鉱業崎戸炭鉱、常磐炭鉱、宇部と佐賀の炭鉱についての調査と分析。

調査・朝鮮人強制労働②
財閥・鉱山編

●竹内康人

A5判★2800円

三井鉱山神岡鉱山、三菱鉱業細倉鉱山、三菱鉱業生野鉱山、日本鉱業日立鉱山、古河鉱業足尾鉱山、藤田組花岡鉱山、石原産業紀州鉱山、天竜銅鉱山、伊豆金銀山、西伊豆明礬石鉱山などについての調査と分析。

調査・朝鮮人強制労働③
発電工事・軍事基地編

●竹内康人

A5判★2800円

天竜川・平岡発電工事、大井川発電工事、日軽金・富士川発電工事、雨竜発電工事、軍飛行場建設、伊豆の特攻基地建設、南太平洋への連行、静岡の朝鮮人軍人軍属などについての調査と分析。

調査・朝鮮人強制労働④
軍需工場・港湾編

●竹内康人

A5判★2800円

三菱重工業長崎造船所、東京の軍需工場と空襲、阪神の軍需工場、東京麻糸沼津・朝鮮女子勤労挺身隊、清水の軍需工場、掛川・中島飛行機原谷地下工場、港湾などについての調査と分析。

日本陸軍のアジア空襲
爆撃・毒ガス・ペスト

●竹内康人

A5判★2500円

日本陸軍航空部隊は、アジア・太平洋戦争の期間を通じて、中国やアジア各地に派遣され、無差別戦略爆撃を繰り返し、毒ガスや細菌兵器の散布をおこなった。その歴史的全容を明らかにする研究。

浜岡・反原発の民衆史

●竹内康人

A5判★2800円

東電福島第一原発事故以降、危険性が高いとして政府の要請で停止された中電浜岡原発。1967年、原発建設計画が明らかになって以来、40年にわたる反原発の民衆運動の軌跡をたどる。

軍艦島に耳を澄ませば
端島に強制連行された朝鮮人・中国人の記録

●長崎在日朝鮮人の人権を守る会編

四六判★2300円

「軍艦島」の異名を持つ端島炭鉱。産業遺産として脚光を浴びる廃墟の島には、朝鮮人・中国人強制連行・強制労働の歴史が刻み込まれていた。

他者の特攻
朝鮮人特攻兵の記憶・言説・実像

●山口隆

四六判★2700円

朝鮮人でありながら、日本のために死に赴いたという作られた「美談」が、いまなお、彼らの魂を戦争遂行者の側に縛りつけて離さない。植民地支配の構造、死者の序列化と抵抗の姿。

表示価格は税抜きです。

[著者紹介]

竹内康人（たけうちやすと）

1957 年浜松市生まれ、歴史研究

著書に『戦時朝鮮人強制労働調査資料集・増補改訂版』神戸学生青年センター出版部 2015 年

『調査・朝鮮人強制労働』①炭鉱編、②財閥・鉱山編、③発電工事・軍事基地編、④軍需工場・港湾編　社会評論社 2013 年〜 15 年

論文に「長崎県炭鉱への朝鮮人強制連行」『戦争責任研究 89』2017 年など

連絡先　paco.yat@poem.ocn.ne.jp

明治日本の産業革命遺産・強制労働 Q & A

2018 年 5 月 15 日　初版第 1 刷発行

著　　者＊竹内康人
装　　幀＊後藤トシノブ
発行人＊松田健二
発行所＊株式会社社会評論社
　　　　東京都文京区本郷 2-3-10
　　　　tel.03-3814-3861/fax.03-3818-2808
　　　　http://www.shahyo.com/
印刷・製本＊株式会社倉敷印刷

Printed in Japan

調査・朝鮮人強制労働①炭鉱編

●竹内康人

A5判★2800円

石狩炭田、北炭万字炭鉱、筑豊の炭鉱史跡と追悼碑、麻生鉱業、三井鉱山三池炭鉱、三菱鉱業高島炭鉱、三菱鉱業崎戸炭鉱、常磐炭鉱、宇部と佐賀の炭鉱についての調査と分析。

調査・朝鮮人強制労働②
財閥・鉱山編

●竹内康人

A5判★2800円

三井鉱山神岡鉱山、三菱鉱業細倉鉱山、三菱鉱業生野鉱山、日本鉱業日立鉱山、古河鉱業足尾鉱山、藤田組花岡鉱山、石原産業紀州鉱山、天竜銅鉱山、伊豆金鉱山、西伊豆明礬石鉱山などについての調査と分析。

調査・朝鮮人強制労働③
発電工事・軍事基地編

●竹内康人

A5判★2800円

天竜川・平岡発電工事、大井川発電工事、日軽金・富士川発電工事、雨竜発電工事、軍飛行場建設、伊豆の特攻基地建設、南太平洋への連行、静岡の朝鮮人軍人軍属などについての調査と分析。

調査・朝鮮人強制労働④
軍需工場・港湾編

●竹内康人

A5判★2800円

三菱重工業長崎造船所、東京の軍需工場と空襲、阪神の軍需工場、東京麻糸沼津・朝鮮女子勤労挺身隊、清水の軍需工場、掛川・中島飛行機原谷地下工場、港湾などについての調査と分析。

日本陸軍のアジア空襲
爆撃・毒ガス・ペスト

●竹内康人

A5判★2500円

日本陸軍航空部隊は、アジア・太平洋戦争の期間を通じて、中国やアジア各地に派遣され、無差別戦略爆撃を繰り返し、毒ガスや細菌兵器の散布をおこなった。その歴史的全容を明らかにする研究。

浜岡・反原発の民衆史

●竹内康人

A5判★2800円

東電福島第一原発事故以降、危険性が高いとして政府の要請で停止された中電浜岡原発。1967年、原発建設計画が明らかになって以来、40年にわたる反原発の民衆運動の軌跡をたどる。

軍艦島に耳を澄ませば
端島に強制連行された朝鮮人・中国人の記録

●長崎在日朝鮮人の人権を守る会編

四六判★2300円

「軍艦島」の異名を持つ端島炭鉱。産業遺産として脚光を浴びる廃墟の島には、朝鮮人・中国人強制連行・強制労働の歴史が刻み込まれていた。

他者の特攻
朝鮮人特攻兵の記憶・言説・実像

●山口隆

四六判★2700円

朝鮮人でありながら、日本のために死に赴いたという作られた「美談」が、いまなお、彼らの魂を戦争遂行者の側に縛りつけて離さない。植民地支配の構造、死者の序列化と抵抗の姿。

表示価格は税抜きです。